Morihei Ueshiba (1883/1969),
profeta del arte de la paz.
En la fotografía aparece la firma
"Ueshiba Morihei" y el
sello del santuario Aiki Jinja.

Morihei Ueshiba

EL ARTE
DE LA PAZ

Traducido y recopilado por John Stevens

Traducción del inglés de Miguel Portillo

editorial Kairós

Título original: THE ART OF PEACE by Morihei Ueshiba

El autor desea dar las gracias a la familia Ueshiba por dar su permiso para tomar citas de las recopilaciones de las charlas y escritos de Morihei, y para reproducir imágenes de su caligrafía. Gracias en especial a Seiseki Abe por su permiso para reproducir las imágenes que aparecen en las páginas 101 ("Ki") y 109 ("Aiki okami") y al Bay Marin Aikido por la imagen de la página 104 ("Masakatsu").

© 2002 by John Stevens. All Right Reserved
© de la edición en castellano:
2009 by Editorial Kairós
Numancia, 117-121, 08029 Barcelona, España
www.editorialkairos.com

Primera edición: Septiembre 2009
Sexta edición: Noviembre 2019

ISBN: 978-84-7245-713-3
Depósito legal: B-23.480/2009

Fotocomposición: Pacmer, S.A. Alcolea, 106-108, 1.º, 08014 Barcelona
Impresión y encuadernación: Ulzama digital

SUMARIO

PREFACIO

Esta edición de *El arte de la paz* es una versión ampliada de la edición de bolsillo de Shambhala. Me siento muy complacido y agradecido por la amplia popularidad alcanzada por esa edición anterior. Es probable que sea el libro de aikido más vendido, habiéndose traducido a muchos idiomas. Tal y como escribí entonces: «Morihei Ueshiba, el fundador del aikido, enseñó el arte de la paz como una creativa disciplina psicofísica, como un sistema práctico para lidiar con la agresión y como una manera de vivir que fomenta el arrojo, la sabiduría, el amor y la amistad. El maestro interpretó el arte de la paz en el sentido más amplio posible y creyó que sus principios de reconciliación, armonía, cooperación y empatía podían aplicarse valientemente a todos los desafíos que surgen ante nosotros en la vida: en las relaciones personales, en nuestras interacciones con otros seres humanos en sociedad, en el trabajo y en los negocios, así como al tratar con la naturaleza. Todo el mundo puede ser un guerrero de la paz». Morihei Ueshiba denominó a esta gran visión *Takemusu Aiki*, o "vivir con valentía y creatividad".

En esta edición tenemos la Primera parte, que presenta la vida de Morihei Ueshiba como profeta de la paz; la Segunda parte, ofrece sus ideas sobre el arte de la guerra frente al arte de la paz; y la Tercera parte, "El arte de la paz", consiste en una recopilación de dichos de Morihei.

Los nombres japoneses aparecen en estilo occidental, con el apellido al final, pero he seguido la práctica japonesa a la hora de hacer referencia a figuras veneradas como Morihei Ueshiba, Kumagusu Minakata, Sokaku Takeda, Onisaburo Deguchi y Tesshu Yamaoka, utilizando su nombre de pila. En algunas citas directas se alude a Morihei como "Ueshiba Sensei", con *sensei* queriendo decir "profesor", o, en este caso, "maestro". El término *ki* (*ch'i* en chino) hace referencia a la energía sutil que impulsa el universo, la vitalidad que inunda la creación y la fuerza unificadora que mantiene las cosas juntas. Además, el texto de esta edición ha sido revisado, añadiéndose más citas. Dichas citas provienen del vasto cuerpo de literatura escrita y tradición oral. Además de *doka*, "poemas del Camino" didácticos, lo cierto es que Morihei escribió bien poco. Es algo típico entre los grandes maestros de verdad, que evitan petrificar sus enseñanzas, prefiriendo hablar en el momento. Sus discípulos debían escuchar atentamente, discernir qué decía el maestro y transmitirlo. La tradición oral incluye cintas grabadas de las charlas de Morihei, transcripciones de sus conferencias y entrevistas, así como dichos tal y como han sido recordados y recopilados por sus numerosos estudiantes, seguidores y admiradores. El texto va acompañado de ejemplos de la deliciosa e inspiradora caligrafía de Morihei.

Aunque he estudiado los dichos de Morihei Ueshiba durante más de treinta años, me asombra la cantidad de nuevas revelaciones que he tenido mientras trabajaba en esta versión ampliada, sintiéndome todavía enormemente inspirado por el texto original. Espero que los lectores de *El arte de la paz* tengan la misma experiencia.

JOHN STEVENS
Sendai, 26 de abril de 2002

PARTE I

MORIHEI UESHIBA, PROFETA DEL ARTE DE LA PAZ

盛

平

_____

Firma de Morihei.
Su nombre significa
"Paz Abundante".

Morihei Ueshiba nació el 14 de diciembre de 1883, en la ciudad de Tanabe, que se encuentra en el litoral del antiguo distrito de Kii (ahora llamado prefectura de Wakayama). El distrito es famoso por su belleza natural: vastas cadenas montañosas, bosques cautivadores, maravillosas cascadas, centenares de balnearios termales, exuberantes vergeles y el mar Interior. También alberga los grandes santuarios y templos de Kumano –el espacio sagrado donde los dioses sintoístas descendieron a la tierra y donde permanece oculta la entrada a la Tierra Pura del Buda Amida–, y el monte Koya, centro del Shingon, el budismo tántrico japonés. Al distrito se le llama «el lugar en que dioses y naturaleza son uno». Aunque Morihei vivió casi toda su vida adulta alejado de Wakayama, regresó a la zona con cierta frecuencia y afirmó: «Esté donde esté, en mi corazón siempre seré un hijo de Kumano». Yoroku, el padre de Morihei, era un próspero terrateniente y durante mucho tiempo fue concejal de la población, mientras que su madre, Yuki, estaba emparentada con el clan Takeda, una de las viejas familias samurái más importantes. Morihei fue su único hijo varón (tuvieron además cuatro hijas), y le consideraron un regalo de los dioses.

Morihei, nacido algo prematuro, fue de niño frágil y enfermizo, pero acabaría convirtiéndose en un robusto adolescente, gracias a una continuada dieta de ejercicio al aire libre –nadar y pescar en la bahía en primavera y verano, y excursiones montañeras en otoño e invierno– y práctica de la lucha sumo.

La gente de Kumano es muy piadosa. A partir de los cinco años, Morihei se levantaba a las 4:00 de la madrugada para acompañar a su madre en su devoción diaria de los dioses locales. Morihei pasó gran parte de su juventud realizando peregrinaciones a santuarios y templos de montaña y practicando *misogi*, la purificación ritual sintoísta que se lleva a cabo en cascadas y en el mar. A Morihei le cautivaban las historias de brujos y magos locales, como En no Gyoja, el primer *yamabushi* (asceta de montaña), y nunca se cansó de escuchar los prodigios realizados por milagreros como el santo budista Kukai, fundador del monasterio Shingon del monte Koya. El propio Morihei tuvo experiencias místicas desde muy temprana edad. Por ejemplo, una vez que caminaba por un sendero de montaña oscuro como boca de lobo, el lugar se vio repentinamente iluminado por una luz espectral; en otra ocasión tuvo una sensación de luz instantánea al ver un ave sobrevolar los elevados picos de los alrededores.

A Morihei le enviaron a una escuela de templo para que aprendiese los voluminosos clásicos confucianos, pero lo que él prefería ante todo era participar en los espectaculares ritos esotéricos del budismo Shingon. También gustó de la ciencia exotérica, devorando cientos de libros sobre matemáticas, química y física. A Morihei le gustaba estudiar, pero no quería sentirse encerrado en un aula y abandonó la escuela a los 14 años de edad. Se graduó en una academia de ábaco, entrando a trabajar en la delegación local de Hacienda. Sin embargo, este tipo de trabajo administrativo no le interesó (además, solía ponerse del lado de los contribuyentes, contra el Gobierno). En 1901, con la ayuda de su padre y de algunos parientes ricos, Morihei, que a la sazón contaba 18 años, se aventuró en la capital, Tokio, en busca de fortuna. Le fue bien, creando un próspero negocio de artículos de escritorio, pero la ciudad no era para él. Morihei entregó el negocio a sus empleados y regresó al cabo de un año, con las manos vacías, a Tanabe. Durante su estancia en Tokio, recibió su primera formación en *bujutsu*, las artes marciales tradicionales de Japón, y también practicó algo de meditación Zen en un templo de Kamakura.

En octubre de 1902, Morihei se casó con Hatsu Itogawa. En 1903, Morihei se enroló en un regimiento del ejército con base en Wakayama. Se estaba gestando la guerra entre Japón y Rusia, y el inicio de las hostilidades parecía inminente. Muy competitivo y decidido a compensar su baja estatura –Morihei sólo medía 1,56 metros de altura, menos que el mínimo requerido para prestar servicio militar, lo cual hizo que fracasara en su examen físico inicial–, Morihei se convirtió en un vehemente soldado cuando finalmente se le permitió unirse al ejército: superando en marcar el paso, tiro y entrenamiento a todos los integrantes de su regimiento. En 1904 estalló la guerra entre Japón y Rusia, y a Morihei le enviaron lejos de los escenarios bélicos principales porque era el único hijo varón de su familia, aunque le destinaron a la policía militar y participó en acciones contra los bandidos chinos. La guerra acabó rápidamente (aunque con mucho derramamiento de sangre por ambas partes) en 1905, inclinándose la victoria del lado de Japón. A Morihei le ofrecieron una plaza en la Escuela de Formación de Oficiales Militares, pero declinó. Diría más adelante: «Disfruté estando en el ejército de joven, pero ya entonces sentí íntimamente que la guerra no es nunca la solución a ningún problema. La guerra siempre conlleva muerte y destrucción, y nunca puede ser beneficiosa». Fue licenciado del ejército en 1906 y regresó a Tanabe, dedicándose a cultivar la tierra y a pescar.

Tras su licenciamiento, Morihei estuvo un tanto desorientado respecto a su futuro. Empezó a actuar de forma extraña, encerrándose en su habitación o desapareciendo repentinamente en las montañas. No obstante, Morihei continuó practicando las artes marciales japonesas: su padre incluso levantó un *dojo* (sala de entrenamiento) para él en los terrenos familiares, contratando a un profesor de *judo* para darle clases particulares. Morihei también estudió otras artes marciales, y acabó obteniendo un certificado de *Yagyu ryu jujutsu** en 1908.

En 1909, Morihei conoció y fue beneficiosamente influido por el excéntrico Kumagusu Minakata (1867/1941), que se asentó en Tanabe tras pasar muchos años en el extranjero. Aunque Kumagusu fue uno de los más grandes eruditos jamás nacidos en Japón –se dice que dominaba doce idiomas y escribió cientos de artículos de investigación sobre una enorme variedad de temas–, al igual que Morihei, apenas asistió al colegio. Su erudición se debía a una prodigiosa memoria fotográfica y a una curiosidad inagotable. Kumagusu dijo en una ocasión: «Quiero saberlo todo; mi curiosidad es infinita». Kumagusu abrió una universidad popular en Tanabe, y su enseñanza insistió en la equivalencia, compatibilidad e interrelación entre los japoneses y el resto de los pueblos de la tierra, no en su singularidad. También fue un ardiente activista social y medioambiental, que enseñó a Morihei a oponerse a las injusticias y proteger el medio ambiente. Morihei no extrajo ninguna idea pacifista de Kumagusu, que fue expulsado del Museo Británico por pegar un porrazo a un compañero investigador a causa de un comentario racista, pero sí que se sintió inspirado por la gran erudición de Kumagusu, su visión internacional y su disposición a aceptar cualquier desafío.

Buscando nuevos mundos que conquistar, en 1912 Morihei dirigió un grupo de colonos de Tanabe a las tierras vírgenes de Hokkaido, la isla más septentrional y menos desarro-

---

*   *Yagyu ryu jujutsu*: instructor de artes marciales de la escuela de sable Yagyu. *(N. del T.)*.

llada de Japón. El grupo se asentó en el remoto Shirataki y empezó a construir una aldea a partir de la nada. Morihei se esforzó infatigablemente para que el proyecto tuviera éxito. Erigió edificios; desbrozó la tierra para poder cultivar patatas, menta y sésamo; llevó a cabo una tala prudente de los grandes bosques; crió caballos y acabó sirviendo en el consejo municipal. A pesar de los ímprobos esfuerzos de Morihei, el asentamiento no salió adelante. Las cosechas se perdieron durante los primeros años y en 1916 tuvo lugar un desastroso incendio que destruyó el 80% de los edificios de la población, incluyendo la primera casa de Morihei. Éste aprendería a domesticar animales salvajes, llegando a entablar estrecha relación con varios grandes osos de Hokkaido.

En 1915, Morihei conocería al asombroso Sokaku Takeda (1859/1943), el gran maestro de la *Daito ryu aiki jutsu*.* Sokaku encarnaba la última generación de guerreros de los viejos tiempos. Nacido en Aizu (situado en la actual prefectura de Fukushima), lugar de origen de los samuráis más bravos de Japón, Sokaku recibió instrucción en artes marciales letales en cuanto puedo empezar a caminar. En su juventud se dedicó a viajar por todo Japón para formarse con los mejores maestros de artes marciales y a luchar contra cualquiera en peleas callejeras. A los 15 años de edad mató a varios secuaces en una pelea, y a los 22 la emprendió con cuarenta obreros de la construcción en una pendencia que llegaría a conocerse como el Incidente Nihonmatsu (tomando el nombre de la población en la que sucediera). Mató a ocho o nueve albañiles, hiriendo a bastantes más. Aunque herido de consideración, Sokaku consiguió escapar. Fue exonerado por las autoridades, que aceptaron su alegación de defensa propia, aunque le hicieron entregar su sable (aún sin una hoja de acero, Sokaku se las arregló

---

*   *Daito ryu aiki jutsu:* escuela Daito de esgrima. *(N. del T.).*

para causar estragos en contrincantes temerarios, liquidando más tarde a uno de ellos con un sable de bambú).

Tras este incidente, Sokaku desapareció durante varios años. Aunque volvió a aparecer en 1898, como maestro de la *Daito ruy aiki jutsu*, no dejó de ir de un lugar a otro, algo que no debería sorprender, ya que contaba con muchos enemigos que habían jurado vengarse. Viajaba con un báculo que contenía una hoja oculta y escondía un cuchillo desenvainado en su kimono. Sokaku no entraba en un edificio, ni siquiera en su propia casa, sin antes llamar y esperar hasta que aparecía alguien que él reconocía para acompañarle al interior, y tampoco probaba la comida ni la bebida hasta que había sido catada, por si estuviera envenenada.

Aunque pequeño y delgado, Sokaku era un artista marcial sin par que solía ser empleado como instructor. Dirigió seminarios para oficiales de policía, militares y aristócratas de todo el norte de Japón y Hokkaido, y sería en uno de esos seminarios donde le presentarían a Morihei. Fácilmente derrotado por el duendecillo maestro de *Dayto ryu*, Morihei se convirtió en estudiante de Sokaku y entrenó mucho bajo su severa tutela.

Las técnicas marciales que Sokaku enseñara a Morihei fueron muy efectivas, pues de hecho eran producto de años de combates reales, en peleas a muerte. Sokaku era un luchador extraordinariamente creativo. En una ocasión, en un altercado con un grupo de albañiles, saltó a lo alto del dique que construían y derrumbó una parte de la obra, atrapando a sus adversarios en el fango. En otra ocasión fue emboscado en unos baños públicos por un grupo de gamberros que intentaron atraparlo con los calzones caídos, pero Sokaku convirtió su toalla de baño húmeda en un arma, asombrando a sus atacantes con formidables trallazos entre los ojos y dolorosos golpes en costillares y genitales. También parece que Sokaku envió a Morihei en su lugar en alguna ocasión para que se las viese con asesinos que buscaban al maestro de *Dayto ryu*. Eso le proporcionaría una experiencia de primera mano acerca de cómo habérselas en un ataque mortal (no obstante, habría que decir que aunque Sokaku carecía de rival como luchador callejero, seguía manteniendo que el secreto de las artes marciales era: «Escuchar el sonido inaudible y ver la forma informe. De un vistazo lees la mente de tu oponente y logras la victoria sin disputas»).

Además de esta formación, Morihei adquirió una tremenda fortaleza gracias a años de agotadores esfuerzos físicos que incluían cargar con troncos enormes y todas las penalidades propias de los pioneros (que incluían lidiar con matones violentos y criminales evadidos, ambos tipos muy abundantes en la anárquica frontera de Hokkaido). No obstante, siguió sintiéndose inquieto e insatisfecho, tanto en el aspecto de artista marcial como en el de ser humano. Cuando se enteró de la grave enfermedad que padecía su padre en Tanabe, entregó todos sus bienes a Sokaku y dejó Hokkaido para siempre en 1919, tras una estancia de siete años.

De camino a casa, Morihei decidió desviarse para visitar el centro de la religión Omoto-kyo, situado en Ayabe, y rezar por la recuperación de su padre. Allí Morihei tendría otro encuentro crucial, en esta ocasión con el enigmático Onisaburo Deguchi (1871/1947). Pocos meses después de la muerte de su padre –Yoroku murió antes de que Morihei regresase a Tanabe, justo como predijese Onisaburo–, Morihei se hizo discípulo de Onisaburo, y en 1920 se trasladó con su familia al recinto Omoto-kyo de Ayabe.

Omoto-kyo fue fundada por Nao Deguchi (1836/1918), una pobre mujer campesina que fue poseída por el dios Konjin en 1892 y que empezó a hablar en nombre de esa divinidad: «¡Deshaceros de emperadores, reyes y gobiernos artificiales; estableced la verdadera igualdad; abolid el capitalismo; vivid en el corazón de Dios, con sencillez y pureza!». Más adelante, Onisaburo, que se casaría con Sumi, hija de Nao, pasó a convertirse en el principal portavoz de la religión. Omoto-kyo era una religión ecléctica y mística que insistía en la armonía de todos los credos, la justicia social, la agricultura natural y en la práctica de las bellas artes aplicadas. Era de orientación pacifista, y a cuenta de ello Onisaburo decía: «No hay nada más dañino en el mundo que la guerra, ni más absurdo que el armamento».

El brillante, carismático, extravagante y clarividente Onisaburo fue la primera persona que percibió el auténtico propósito de la vida de Morihei: «Tu misión en la tierra es convertirte en profeta de la paz, enseñar al mundo el verdadero significado de *Budo* ("el arte del valor marcial")».

El primer año de Morihei en Ayabe no resultó nada prometedor. El matrimonio perdió dos hijos pequeños por enfermedad: Takemori, de tres años, y Kuniharu, que sólo vivió un mes (tenían otros dos hijos: su hija Matsuko, nacida en 1911, y su hijo Kisshomaru, nacido en 1921). Un suceso mucho más feliz fue la inauguración de la primera sala de entrenamiento de Morihei en los terrenos del recinto de Omoto-kyo. Sokaku visitó Ayabe en 1922 y se quedó durante seis meses, impartiendo instrucción, pero toda su estancia estuvo teñida de tensión. Onisaburo echó un vistazo a Sokaku y dijo: «Ese hombre rezuma sangre y violencia». Onisaburo animó a Morihei a que crease su propio camino, y éste empezó a distanciarse de Sokaku y de la *Daito ryu* (en 1936, Morihei y Sokaku se separaron definitivamente).

Un día, en la sede de Omoto-kyo, una cuadrilla de peones, unos diez hombres, intentaba cambiar de lugar un enorme árbol, pero no podían conseguirlo debido a sus divergencias respecto al mejor método para lograrlo. Morihei hizo acto de presencia y se sintió súbitamente enojado: «¿Por qué la gente no puede colaborar entre sí? ¿Por qué existe tanta discordia en nuestro mundo?». Agitado, Morihei agarró el árbol y lo llevó, él solo, a su nuevo emplazamiento. Casualmente, Onisaburo se hallaba también presente y le dijo a Morihei: «Ese es el poder de la justa indignación. Canaliza esa fuerza tremenda en una actividad adecuada y lograrás cosas maravillosas».

Onisaburo no era un artista marcial, pero de vez en cuando practicaba *kyudo*, la arquería clásica japonesa, disparando flechas con puntas que llevaban oraciones de paz y amor, y poseía una técnica secreta denominada *aiki-kiri* (hendir con un tajo del espíritu). A veces, Onisaburo y Morihei pasaban toda la noche metidos en la espesura cortando bambú con las manos desnudas mediante dicha técnica, que Onisaburo sólo impartió a Morihei.

En 1924, Onisaburo, Morihei y otros miembros de Omoto-kyo se embarcaron en "la gran aventura mongola", con la esperanza de localizar Shambhala y establecer un cielo en la tierra. Esta búsqueda quijotesca era típica del incurable optimismo de Onisaburo y de su fe inquebrantable en sí mismo y su misión. El grupo sobrevivió a inundaciones, granizadas, hambrunas, alimentos envenenados, ataques de los bandidos y a su captura por parte de un ejército chino. Fueron sentenciados a muerte y conducidos al terreno de ejecución, salvándose gracias a un indulto de última hora. Ni siquiera el aparente fracaso de la misión y su regreso a Japón parecieron hacer mella en Onisaburo: «La próxima vez tendremos más suerte», comentó, para luego dedicarse a planear mayores empresas.

Sin embargo, Morihei había cambiado por completo merced a los numerosos y extremos encuentros con la muerte que experimentara en el transcurso de la aventura. Había salido despedido por el cristal delantero del vehículo del grupo a resultas de un accidente, con el resultado de padecer numerosos cortes; se vio implicado en un combate a muerte con peligrosos salteadores de caminos; intercambió disparos con una milicia china; le pusieron grilletes y le condujeron, a través de un terreno repleto de cadáveres recién ejecutados, delante de un pelotón de ejecución. Le afectó sobre todo la siguiente experiencia:

«Al acercarnos a Tungliao nos tendieron una emboscada en un valle y recibimos una lluvia de balas. Milagrosamente pude sentir la dirección de los proyectiles –rayos de luz indicaban su trayectoria– y así esquivarlos. Eso era lo que los maestros de antaño quisieron decir con "anticipación": la capacidad para sentir un ataque. Si la mente está tranquila y es pura, uno puede de inmediato percibir un ataque y evitarlo. Eso, me di cuenta, es la esencia del *aiki* (el arte de la armonización)».

Morihei regresó a Ayabe totalmente cambiado. Redobló su entrenamiento y, en la primavera de 1925, su vida sería transformada y su misión le resultaría clara. Tras hacer frente a un desafío de un maestro de *kendo* –el espadachín abandonó derrotado sin lograr acertar ni un solo golpe–, Morihei entró en su jardín para secarse el sudor del rostro.

«De repente, la tierra tembló. Del suelo ascendió un vapor dorado que me envolvió. Sentí que me transformaba en una imagen dorada, y que mi cuerpo parecía ser tan ligero como una pluma. Entendía el lenguaje de los pájaros. Comprendí inmediatamente la naturaleza de la creación: el camino de un guerrero es manifestar amor divino, un espíritu que abraza y alimenta todas las cosas. Lágrimas de gratitud y alegría surcaron mis mejillas. Vi que toda la tierra era mi hogar, y que el sol, la luna y las estrellas eran mis amigos íntimos. Desapareció todo apego por las cosas materiales».

«¡Soy el universo!», proclamó Morihei; sintió que su papel era servir como mensajero de Miroku Bosatsu,* el buda dorado del futuro, que instaurará el cielo en la tierra. Tras su emocionante experiencia de iluminación, Morihei se convirtió en un guerrero invencible y dio comienzo a su misión como profeta del arte de la paz.

Una reveladora anécdota ilustra la transformación de Morihei, pasando de guerrero material a espiritual. En Tanabe, había un hombre llamado Suzuki que solía derrotar a Morihei cuando ambos eran jóvenes estudiantes de *judo*. Más tarde, cuando Morihei regresó a Tanabe tras aprender las técnicas de *Daito ryu aiki jutsu* en Hokkaido, él y Suzuki volvieron a competir; Morihei salió tan malherido al intentar un ataque que tuvo que guardar cama un mes. Sin embargo, tras la revelación que tuviera en Ayabe, Suzuki dejó de estar a la altura de Morihei y se convirtió en su estudiante.

Tras su despertar espiritual, Morihei adquirió la reputación de "maestro de maestros". En 1927 se trasladó a Tokio a petición de muchos e influyentes benefactores, para más tarde, en 1931, abrir un *dojo* permanente. Antaño, no era raro que un desafiador saliese lisiado o muerto al ser derrotado por un maestro (como Sokaku, que siempre se jactó de la cantidad de hombres con los que acabó). Por el contrario, Morihei controló todo tipo de ataques sin producir ninguna lesión de importancia en sus oponentes (al principio de su carrera docente, Morihei hirió de gravedad a un oponente que se le resistía con fiereza, y a partir de entonces decidió refinar su técnica a fin de permitir que sus contrincantes no saliesen lisiados. Otro de sus desafiadores salió muy mal parado al fallar un sablazo di-

---

* Miroku Bosatsu: el Buda Maitreya ("el Benevolente"), en sánscrito; Milofu ("el Buda Riente"), en chino. En la tradición budista, último buda terrestre que se manifestará en el futuro. Representa la encarnación del amor universal. *(N. del T.)*.

rigido a Morihei, y llevado por el impulso del movimiento se estrelló contra una pared, así que Morihei instruyó a sus estudiantes a que aprendiesen a caer protegiendo el cuerpo "como un gato"). Un famoso competidor de *judo* llamado Nishimura desafió en varias ocasiones a Morihei pero acabó dando con sus huesos sobre la estera, incapaz de comprender cómo había ido a parar allí. Agotado, Nishimura miró desde el suelo al sonriente Morihei y se preguntó: «¿Existe realmente un arte marcial con el que uno puede derribar a su atacante con una sonrisa?». Tras una iniciación de ese tipo, la mayoría de los desafiadores rogaban de inmediato a Morihei que los admitiese como estudiantes. Pero él les decía: «Me gusta la gente enérgica. Si estás dispuesto a dedicarte a ayudar a los demás, a mejorar el mundo, te aceptaré como estudiante. No obstante, no puedes practicar este sendero a medias tintas: o todo o nada».

En otras artes marciales, los maestros practican partiendo baldosas y ladrillos para convertir manos y pies en armas de desolación, pero los golpes de Morihei eran tremendamente efectivos sin que en realidad existiese contacto. Rinjiro Shirata (1912/1993), uno de los primeros estudiantes de Morihei, describe cómo se sentía al enfrentarse al maestro:

> «Cuando me plantaba ante Ueshiba Sensei, todo lo que podía ver era su mirada hipnótica, que parecía envolverme por completo. Toda mi energía desaparecía y me sentía impotente. Cuando trataba de atacarle, él me contraatacaba. Aunque su golpe nunca tocaba mi cuerpo, lo cierto es que neutralizaba por completo mi ataque, dispersaba toda mi fuerza y acababa con mi concentración, así que todo lo que podía hacer era desmoronarme. Si me volteaba, me daba la impresión de flotar en una nube, totalmente absorto en su presencia. Por otra parte, cuando te inmovilizaba era como recibir un calambrazo eléctrico que te paralizase el cuerpo por completo».

Otros estudiantes hablaron de sentir como si les barriese un vendaval o les cegase una bola de fuego cuando Morihei les tumbaba; algunos tenían la sensación de entrar en una dimensión diferente, y unos cuantos incluso vieron estrellas al ir a parar a la estera, pero a continuación se sentían muy energetizados. Agarrar el brazo de Morihei «era como intentar coger el tronco de un pino», dijo un estudiante. Otro explicó que cuando el maestro le apretó la muñeca, «fue como si me aplicasen un hierro candente en el brazo». Un estudiante que estudió esgrima con Morihei, señaló: «Su espada causó una ligera presión contra mi pulgar, provocando una sensación muy poco dolorosa, pero que me dejó totalmente inmóvil». El *kiai* –"grito energético"– de Morihei era agudo, en lugar de un ruido ensordecedor, pareciéndose a una vibración apabullante que sacudía al oponente hasta la médula. Todos los contrincantes afirmaban que no encontraban ninguna sensación de resistencia o lucha contra sus ataques... que literalmente no había nada que pudiera agarrarse o golpearse.

Muchos de los primeros estudiantes de Morihei fueron muy jóvenes, y él tenía que aconsejarlos y enseñarlos a no pasarse de la raya. Shirata, por ejemplo, solía romper la muñeca de su contrincante con sólo retorcerla. «Demasiado fuerte, Shirata –le advertía Morihei–. ¡Con suavidad, con suavidad!». Shirata intentaba aflojar, pero se descubría echando mano otra vez de la fuerza bruta en caso de que el contrincante se le resistiese. Así que Morihei le decía: «Bueno, todavía eres joven y no sabes cómo controlar tu fuerza. Te voy a dar un consejo: derriba a tu contrincante sin derribarlo, inmovilízalo sin inmovilizarlo». Shirata aprendió bien la lección. Cuando en una ocasión enseñaba en Osaka en lugar de Morihei, Shirata mencionó un concepto clave en el aikido: *muteiko*, "irresistencia". De repente, un luchador campeón de sumo saltó de entre el gentío de espectadores y se acercó a Shirata, gritando: «¡Irresiste esto!».

Shirata inmovilizó al luchador y le tumbó en un abrir y cerrar de ojos, y rió: «¿Lo ves? ¡Nadie puede resistirse a la irresistencia!» (el rival de Shirata en el *dojo* era Yukawa Tsutomu [m. 1943], apodado el "Sansón de Kobukan". Por desgracia, Yukawa fue apuñalado mortalmente en un altercado en Osaka. Cuando Morihei se enteró, el maestro dijo con tristeza: «Qué pena. Por desgracia era demasiado fuerte». A la gente que posee una fuerza tremenda le puede resultar muy difícil controlarse y por ello hacen enemigos con facilidad).

Recuerda Hajime Iwata, compañero de estudios de Shirata:

> «Dormíamos en el *dojo* y a menudo Ueshiba Sensei aparecía de improviso en mitad de la noche, nos despertaba y nos mandaba que le atacásemos de la manera que quisiéramos, con toda nuestra fuerza. Mientras dormía se le ocurrían nuevas técnicas que quería probar de inmediato. En aquella época era un hombre extraordinariamente creativo y dinámico. Nos decía que "*Budo* significa progreso constante y formación durante toda la vida". Sin embargo, lo que más recuerdo es su actitud durante las oraciones. Era muy respetuosa, sosegada y digna, y tanto si rezaba frente al santuario del *dojo* como fuera, siempre elevaba la mirada hacia el cielo».

Morihei rezando causaba una gran impresión en todos sus estudiantes. Shirata comentó: «Nunca olvidaré el aspecto de Ueshiba Sensei al rezar –su forma era tan hermosa, tan elevada–, pues fue lo que más me llegó a inspirar a lo largo de los años». Otros discípulos señalaron que cuando Morihei rezaba en verano frente al santuario de Aiki en Iwama, las nubes de mosquitos y moscas que no dejaban de perseguir a los asistentes, permanecían totalmente apartadas del maestro, pues sus recitaciones las mantenían a raya. Siempre que Morihei visitaba su prefectura de origen, Wakayama, visitaba el santuario de Kumano. Solían ofrecer una demostración especial de aikido en el espacio abierto frente al santuario, como ofrenda a los dioses. En una ocasión su visita tuvo lugar durante una lluvia torrencial. Morihei aguardó a hallarse bajo los aleros del santuario y luego anunció: «Voy a empezar ahora mismo». De repente dejó de llover y lució el sol, bañando de luz a Morihei. Cuando finalizó, volvió a llover a cántaros.

Vino de visita Mangan, un luchador profesional de Estados Unidos. Cuando pidió ser aceptado como estudiante, Morihei le dijo (a través de un intérprete): «Si puedes liberarte cuando te inmovilice –y para ello sólo utilizaré un dedo– entonces te aceptaré. Ven y atácame de la forma que prefieras». El luchador lanzó una patada aérea tremenda, que falló, y en cuanto tocó el suelo Morihei le inmovilizó. Aunque Mangan no pudo escapar, Morihei le permitió entrenar con él durante su corta estancia en Japón. El luchador insistió mucho para que Morihei fuese a América, donde «podría ganar millones de dólares aceptando desafíos concertados».

El mayor desafío de Morihei, y el más importante obstáculo para su papel como profeta del arte de la paz, fue presenciado por Gozo Shioda (1915/1994), otro de los antiguos alumnos de Morihei:

«Un día [a mediados de los 1930s] visitó el *dojo* un grupo de tiradores de élite, a fin de asistir a una demostración a cargo de Ueshiba Sensei. Tras la misma, Sensei anunció de repente: "Las balas no pueden tocarme". Fue una provocación directa, y los tiradores le desafiaron de inmediato a demostrarlo en el campo de tiro. Sensei estuvo de acuerdo y se eligió una fecha. Sensei puso su huella en un documento que exculpaba a los tiradores de cualquier responsabilidad en caso de que le disparasen y muriese. La esposa de Sensei le rogó que no fuese, y también yo, que había presenciado muchos de los asombrosos logros de Sensei, pensé que en esta ocasión había ido demasiado lejos. Así que le dije a otro discípulo: "Es hora de planificar el funeral de Sensei". Sensei nos aseguró a todos nosotros: "No os preocupéis. No podrán alcanzarme". Se dirigió al campo de tiro con un humor sorprendentemente bueno. Cuando llegamos allí nosotros, descubrimos que no sólo iba a disparar un tirador, sino seis. Mientras Sensei se colocaba como diana humana, a 25 metros de la línea de disparo, me pregunté cómo iba a poder escapar a esa distancia y ante tantos tiradores. "Preparados, apunten, ¡fuego!", dijo el mando. Hubo una gran explosión, una humareda y de repente uno de los tiradores voló. ¡Morihei se hallaba detrás de los tiradores, riéndose! Todos nosotros nos quedamos pasmados y boquiabiertos. Le pedimos que volviese a realizar aquel milagro y accedió. Se repitió la escena: los disparos, la explosión de ruido y humo, un tirador volando y Sensei apareciendo de pie detrás de los tiradores. Aunque intenté mantener la mirada fija en la forma de Sensei, no pude discernir nada. De regreso a casa le pregunté: "¿Cómo lo hizo?". Él me contestó lo siguiente: "En realidad, a las balas propiamente dichas les precede un rayo de luz dorada. Aunque parecen disparar al unísono, siempre hay una bala que llega primero, y ese es el rayo de luz que yo evité. Luego salté al estilo *ninja* para cruzar la distancia y lanzar por los aires al tirador que disparó primero –luego añadiría, de manera críptica–: En realidad, el propósito de mi vida en la tierra todavía no ha sido totalmente colmado y por lo tanto nada puede dañarme. Una vez complete mi labor, entonces será el momento de partir, pero hasta entonces estoy totalmente a salvo". Así es como me lo explicó, pero para ser honesto, la verdad es que sigo sin comprender lo que hizo ese día».

Gracias a esa instructiva anécdota, Morihei nos demuestra que lo espiritual puede derrotar a lo material, incluso en situaciones que aparentemente parecen imposibles. Armados con modernas y eficaces armas de destrucción, los arrogantes tiradores militares no eran oponentes dignos para quien funcionaba a un nivel más elevado y espiritual. También demuestra que Morihei era bien consciente de que tenía una clara misión como profeta del arte de la paz (la palabra japonesa que he traducido como "profeta" es *amakudaru*, que también significa "encarnación" o "avatar". Morihei solía usar ese término para aludir a sí mismo).

Los años de guerra que empezaron en 1931 (fecha del Incidente Manchuriano* en China, que Onisaburo denominó "el principio del infierno") hasta 1945, fueron muy difíciles para Morihei. Su guru Onisaburo fue encarcelado en 1935 por un gobierno temeroso de sus peligrosas ideas pacifistas e igualitarias. El propio Morihei evitó el arresto gracias a sus contactos en el Ejército y la policía, pero estuvo sometido a vigilancia, pues los extremistas le consideraban "blando". No les gustaba su opinión acerca de que «el Bushido es aprender a vivir, a proteger y alentar la vida. Incluso en la guerra, debe evitarse siempre que sea posible acabar con una vida humana. Matar es siempre pecado. Ofrece a tus oponentes todas las oportunidades para hacer la paz». A Morihei no le gustaban las técnicas letales enseñadas en las academias militares y policiales, y se sintió consternado cuando en manuales militares de combate cuerpo a cuerpo aparecieron técnicas enseñadas por él, pero sin su permiso y sin ninguna referencia a *aiki*, desbaratar un ataque sin violencia. La violencia de la guerra ponía enfermo

---

* Incidente Manchuriano: también llamado Incidente de Mukden (1931). Tomando como pretexto una explosión en la línea de ferrocarril construida por los japoneses en Manchuria, el ejército nipón ocupó la ciudad de Mukden (actual Shenyang, China). Los japoneses acabarían dominando toda Manchuria en tres meses. Los chinos se retiraron, permitiendo que los japoneses creasen el Estado títere de Manchukuo. *(N. del T.)*.

a Morihei. Un discípulo cuyos deberes incluían darle un masaje nocturno se sintió alarmado al ver acelerarse la delgadez de Morihei con el paso de la guerra.

La vida de Morihei estuvo guiada por visiones. En diciembre de 1940, tuvo la siguiente:

>«Hacia las dos de la madrugada, mientras llevaba a cabo el ritual de purificación, de repente olvidé todo el arte marcial que había aprendido hasta entonces. Todas las técnicas transmitidas por mis maestros aparecieron totalmente renovadas. Ahora eran vehículos para el fomento de la vida, el conocimiento, la virtud y el buen sentido, y no instrumentos para voltear o inmovilizar a las personas».

En 1942, una voz interior le dijo: «Eres el que asumirá las responsabilidades del Profeta de la Paz y enseñarás a los seres humanos a vivir con coraje creativo. Esa es tu vocación, tu privilegio y tu labor. Dirígete al campo, levanta un santuario dedicado al Gran Espíritu de la Paz y la Armonía, y prepárate para ser la luz que señalará una nueva era». Morihei se trasladó a Iwama, en la prefectura de Ibaraki, para practicar, rezar y trabajar la tierra. Más o menos en esa época empezó a llamar "aikido" a su enseñanza, que podría interpretarse como "el arte de la paz".

La Segunda Guerra Mundial finalizó el 15 de agosto de 1945. Japón estaba en ruinas y la población abatida, pero Morihei era optimista: «En lugar de iniciar la locura de la guerra, a partir de ahora desencadenaremos la paz, el verdadero propósito del aikido. Practicaremos para evitar la guerra, para abolir las armas nucleares, para proteger el medio ambiente y para servir a la sociedad». Al puñado de estudiantes que quedaba les dijo: «¡Un día, este arte será practicado por gentes de todo el mundo!».

Al acabar la guerra en 1945, Onisaburo, el guru de Morihei, fue exculpado de todas las acusaciones. Al igual que Morihei, también Onisaburo era muy optimista. Pasó los dos últimos años de su vida difundiendo su mensaje de paz mundial y hermandad universal. Decía: «Todo lo que he querido ha sido la paz mundial. Ahora que Japón ha renunciado a la guerra en su Constitución, se convertirá en modelo para todo el mundo». No le preocupaba en absoluto la ocupación estadounidense de Japón. «Los norteamericanos harán una buena labor. Los japoneses no pueden reformarse a sí mismos, no harían más que pelearse entre sí». «Japón se recuperará económicamente», predijo correctamente Onisaburo, pero añadió esta advertencia dirigida a los empresarios: «No seáis demasiado avariciosos». Onisaburo también creó un enorme cuerpo del arte más delicioso y bello –caligrafía, pintura y cerámica– antes de morir. Se dice que incluso en su lecho de muerte estuvo de muy buen humor.

En los años inmediatamente posteriores al fin de la guerra, Morihei pasó gran parte de su tiempo trabajando la tierra. Consideró que el aikido y la agricultura eran una combinación ideal, dos actividades que nutrían cuerpo y alma. También en esa época había escasez de alimentos, y la granja del *dojo* de Iwama proporcionó sustento a varias personas. A mediados de los 1950s, Japón se había recuperado en gran parte de las consecuencias de la guerra, y la práctica del aikido empezó a estar bien asentada tanto en el propio Japón como en el extranjero, gracias a los esfuerzos de Kisshomaru (1912/1998), el hijo de Morihei, y otros importantes discípulos. En la época de preguerra, Morihei se mostró reservado respecto a sus técnicas, sin realizar demostraciones públicas, limitando estrictamente el número de estudiantes que aceptaba, diciendo: «Quiero estar pendiente de todos aquellos a los que enseño». Después de la guerra cambió radicalmente, abriéndose mucho más, permitiendo que le fotografiasen y filmasen. Incluso apareció en dos programas especiales de TV, uno japonés y otro estadounidense, dejándonos así un preciado legado visual. Morihei comprendió que la gente necesitaba ver el aikido con los ojos, sentirlo de carne y hueso, y por ello pasó a convertirse en un impulsor incansable del arte de la paz. También quiso que se supiera, mediante demostraciones públicas, que «el viejo Morihei seguía vivito y coleando», pues tras la guerra circularon rumores de que el maestro había muerto. Aunque desde el principio aceptó estudiantes femeninas, de entrada Morihei se opuso a enseñar aikido a niños porque sentía que eran demasiado jóvenes para comprender el mensaje. Cuando vio lo bien que reaccionaban los niños y cómo apreciaban la enseñanza los padres, acabó dando su brazo a torcer. Tras unas dudas parecidas, también aprobó la creación de clubs universitarios de aikido. La base estudiantil del aikido se amplió mucho tras esos dos cambios.

Aunque en la cuarentena y cincuentena se mostró más bien severo y adusto, más adelante Morihei pareció transfigurarse en la imagen ideal de un inmortal taoísta: largo y ondulante cabello blanco y barba en consonancia, un semblante sereno, ojos chispeantes y la más beatífica de las sonrisas (en 1964, Morihei fue informado de que el emperador iba a imponerle la Orden del Sol Naciente. Dijo a sus estudiantes: «Tal vez debería afeitarme por respeto a su Alteza Imperial». Sus estudiantes le dijeron: «Para nosotros, vuestra barba es parte de nuestra imagen del aikido. Por favor, no os la quitéis». «Ya veo –asintió Morihei–. La barba se queda»). El escritor C.W. Nicol, que practicó mucho arte marcial en sus años iniciales en Japón, recuerda: «Estar en la misma habitación con el maestro de *karate* Masatatsu Oyama (1923/1994) [famoso por matar bueyes con sus puños desnudos] era una experiencia aterradora, pero cuando visité a Ueshiba Sensei no sentí más que calidez y luz.

No obstante, eché a volar en cuando intenté atacar al maestro de aikido». De Nepal llegó un luchador a visitar a Morihei, y el maestro pidió: «Intente levantarme». El luchador no pudo mover a Morihei y pidió saber el secreto de esa técnica. «Soy uno con el universo. ¿Quién puede levantar eso?».

En una ocasión Morihei inmovilizó a un enorme luchador de sumo llamado Mihamahiro utilizando un solo dedo. Este coloso podía levantar cientos de libras, pero cuando intentó mover a Morihei, el diminuto maestro continuó firme. A continuación, Morihei volteó a Mihamahiro al suelo y le mantuvo inmóvil con un solo dedo. Morihei explicó esa hazaña de la siguiente manera: «Traza un círculo alrededor del centro de un ser humano. En el interior de ese círculo radica todo el poder físico. Fuera de ese círculo, incluso el ser humano más fuerte pierde su fuerza. Si puedes inmovilizar a tu oponente fuera de su esfera de poder, entonces podrás controlarlo incluso con un solo dedo».

Así pues, Morihei enseñó que no es necesario acumular un enorme poder físico. Afirmaba: «Si eres lo suficiente fuerte como para levantar una maleta, entonces puedes practicar aikido». Además, les decía a los estudiantes: «Os caéis porque yo puedo andar». Tampoco era necesario atacar los puntos débiles del oponente. «Desarmad su espíritu agresivo y se someterá de manera natural, sin lastimarse», explicaba.

Estos son algunos comentarios sobre el aikido realizados por Morihei durante una charla ofrecida a un grupo de estudiantes universitarios en 1957:

> «El aikido es el Camino de la Armonía. Une a gentes de todas las razas y manifiesta la forma original de todas las cosas. El universo tiene una única fuente y desde ese núcleo emergen todas las cosas en una pauta cósmica. Al final de la II Guerra Mundial, estuvo claro que el mundo necesitaba purificarse

de suciedad y degradación, y por eso apareció el aikido. A fin de eliminar la guerra, la falsedad, la codicia y el odio, los dioses de la paz y la armonía han manifestado sus poderes. Todos nosotros en este mundo somos miembros de la misma familia, y por ello debemos trabajar juntos para lograr que la discordia y la guerra desaparezcan de nuestro entorno. Sin amor, nuestra nación, el mundo y el universo serán destruidos. El amor genera calor y luz. Esos dos elementos se actualizan en forma física como aikido. En cuanto al último aspecto de la creación, los seres humanos aparecieron como una actualización de las potencias más elevadas. Los seres humanos representan toda la creación y por ello debemos llevar a buen término el plan divino. El propósito de la educación es abriros el espíritu. La educación moderna lo ha olvidado. Todo el universo es un enorme libro abierto, lleno de cosas milagrosas, y esa es la razón por la que es tan necesario el verdadero aprendizaje. Así pues, y con este espíritu, aceptad las responsabilidades, formaos bien, desarrollaos, floreced en el mundo y dad fruto».

Morihei disfrutó de un amplio círculo de amistades y por ello en su *dojo* siempre hubo un ir y venir constante de visitantes: realeza, políticos, líderes religiosos, empresarios, artistas marciales, atletas, actores de kabuki, bailarines japoneses, científicos y estrellas de cine. Todos buscaban inspiración y a menudo también consejo. Un profesor de danza muy conocido de la escuela Hanayanagi siempre repasaba nuevas rutinas con Morihei, pidiendo sugerencias sobre el porte adecuado y los movimientos corporales. Morihei le dijo a un jugador de béisbol: «No intentes adivinar lo rápido o lento que será un lanzamiento. Deja que la pelota llegue a su propio ritmo y estate ahí para recibirla». A un actor: «Crea tu propio universo y llévalo todo a tu propia esfera». Morihei fue un gran místico pero no por ello era anticientífico. Con frecuencia le preguntaba a personas que conocía, a investigadores industriales o médicos: «¿Algún invento bueno últimamente? Si aplicáis los principios del aikido a vuestro trabajo, estoy seguro de que aparecerán algunas ideas nuevas y revolucionarias».

En general, los artistas marciales japoneses suelen ser políticamente conservadores, a menudo de derechas, incluso fascistas en algunos casos extremos, pero Morihei proclamó que el aikido era la fuente de la verdadera democracia y libertad. Le dijo a un miembro del Partido Comunista japonés: «Yo también soy comunista». «¿De veras?», preguntó el sorprendido camarada. «Sí, pero mi partido comunista está formado por dioses, no por seres humanos. Es el comunismo de considerar toda la humanidad como camaradas, como mis verdaderos semejantes, con igual acceso a los tesoros espirituales del mundo».

Aunque Morihei era afable y sociable con los visitantes, lo cierto es que con sus estudiantes era muy estricto. Se enfadaba si los estudiantes iban por ahí con el uniforme de entrenamiento desaliñado o desordenado. Les advertía continuamente que estaban despistados al doblar esquinas, subir escaleras, sostener palillos, hablar por teléfono, subirse al metro o bien que dependían demasiado de linternas en la oscuridad. Les dijo que un verdadero artista marcial debería ser capaz de sentir cualquier amenaza en un radio de cien metros cuadrados.

Morihei también jugaba a perderse cuando viajaba, desapareciendo entre multitudes, dejando tras de sí a uno o dos asistentes desconcertados. En una ocasión obligó a un estudiante a volver sobre sus pasos en la enorme estación de Ueno, diciéndole: «¡En esta ocasión camina como un artista marcial!». Algunos de sus jóvenes discípulos gustaban de lucirse, y en una ocasión uno le pidió si podía utilizar un sable auténtico. «No –le contestó el maestro–. Mejor no.» En otra ocasión, cuando Morihei estaba ausente, el estudiante quiso salirse con la suya y utilizó un sable auténtico en una demostración. Acabó hiriéndose a sí mismo.

A Morihei le encantaba poner a prueba a sus estudiantes de diversas maneras. Podía sentir cuándo un estudiante dormitaba durante una de sus largas charlas. Llamaba al estudiante, sacudiéndolo de la modorra, para pedirle que practicase caídas, y el estudiante caía redondo porque se le habían dormido las piernas. En una ocasión, un joven y fornido estudiante de *judo* pidió a Morihei que le aceptase como estudiante interno. Morihei le puso a prueba: podía observar los entrenamientos, ayudar a preparar las comidas y, por la noche, preparar el baño, masajear los hombros de Morihei y leerle a la cabecera de la cama. Observando la rutina diaria de Morihei y su comportamiento aparentemente ordinario, el estudiante se fue impacientando y anhelando el momento en que pudiera darle un buen meneo al maestro. Pasaba gran parte de su tiempo planeando su ataque en silencio. Un día, Morihei anunció repentinamente: «Tu entrenamiento empieza ahora mismo». El estudiante, confiado, saltó como un tigre sobre Morihei, seguro de que le iba a dar lo suyo; en lugar de eso, salió volando varios metros, aterrizando pesadamente sobre la estera. Se quedó tan confuso que en adelante temía acercarse a Morihei. Comprendió que era él precisamente el que estaba siempre con la guardia baja, y no el aparentemente despistado y relajado abuelo al que había servido. De ello aprendió algunas valiosas lecciones: las apariencias engañan y el comportamiento cotidiano de uno es la esencia de la formación en artes marciales.

El talante de Morihei era explosivo, pero sus arranques despejaban el ambiente y su cólera se disipaba con rapidez. En una ocasión, tras finalizar el entrenamiento cotidiano, Morihei escuchó gritar a un estudiante en el *dojo*. Cuando entró, halló al estudiante blandiendo furioso un sable de madera, acompañándose de gritos guturales. «¿Pero qué te crees que estás haciendo? –le amonestó Morihei– El aikido se basa en la proyección del amor. ¿Por qué empuñas esa espada con una cólera tal?».

Morihei siempre desaprobó beber en exceso. Después de que dos de sus estudiantes más antiguos regresasen a casa tras una noche en la ciudad, les dejó la siguiente nota para que se lo pensasen: «Los sabios de antaño enseñaron: "Beber alcohol puede hacerte sentir la primavera en el corazón, ¡pero cierra el camino hacia la iluminación!"». Algunos de los discípulos internos de Morihei gustaban de escaparse por la noche, cuidándose mucho de ocultar sus huellas. A pesar de su sigilo a lo *ninja*, Morihei siempre les preguntaba a la mañana siguiente: «¿Os lo pasasteis bien anoche?». O podía ser peor, y aparecer una hora antes para iniciar la práctica, sacudiéndolos de su modorra alcohólica, y llevando a cabo una rutina ampliada y especialmente agotadora.

En una ocasión, robaron en el *dojo* la valiosa (y en aquellos tiempos muy excepcional) chaqueta de cuero del instructor jefe. Mientras regañaba a los estudiantes internos por su inexcusable falta de atención, Morihei apareció súbitamente en el *dojo*, preguntó qué sucedía y, para sorpresa de todos, se puso a reprender al instructor jefe: «¡Es culpa tuya! –aseguró Morihei–. Un artista marcial nunca debería apegarse a posesiones materiales o hacer alarde de ellas abiertamente. Ese tipo de actitud provoca brechas tanto en uno mismo como en los demás, y esa es la razón de lo sucedido». En ocasiones, Morihei era un bondadoso y viejo sabio, en otras un mentor estricto y a veces un dios de la cólera que escupía fuego. Un discípulo le describió así: «El Gran Maestro es como el monte Fuji. Majestuoso y hermoso desde lejos, pero con un ascenso empinado y peligroso al acercarte».

Morihei contaba con un lado humano que evidenció durante su visita a Hawai en 1961. Durante una recepción celebrada en su honor, Morihei recibió alegremente la tradicional guirnalda de flores hawaiana y un beso de bienvenida. Quedó claro que le encantó presenciar el espectáculo de *hula* a cargo de una bella y joven bailarina, y él mismo bailó acompañándose del abanico y el cayado, dirigiendo a los allí congregados en una animada versión de una canción popular japonesa. Morihei podía divertirse pero siempre era un consumado artista marcial, en todo momento. Tal y como cuenta Roy Suenaga, un joven japonés americano de Hawai, en sus memorias, caminaba una noche por la playa con Morihei cuando se le ocurrió que: «El maestro parece tener la guardia tan baja que estoy seguro que puedo intentar sorprenderle». Morihei se detuvo de repente, se volvió hacia él y dijo: «No debes pensar en ello. Lo que necesitas son pensamientos positivos». Cuando Suenaga se arrodilló pidiendo perdón, Morihei le reprendió: «Basta con una simple disculpa. Levántate y no vuelvas a hacerlo».

En una anécdota similar también en Hawai, un espectador observaba los movimientos de Morihei enfrentándose a un ataque con sable. El espectador pensó para sí mismo: «Sólo se mueve hacia un lado. Si yo estuviese ahí, daría un sablazo en esa dirección y le alcanzaría». Tras la demostración, Morihei se acercó al hombre y le aseguró, con una sonrisa: «Eso tampoco habría funcionado».

A Morihei le preguntaron si sus milagrosos poderes se debían a la posesión de un espíritu. «No –contestó el maestro–. El espíritu divino está siempre presente en mi interior –y en el vuestro también si profundizáis lo suficiente–, así que sólo obedezco sus órdenes y permito que el asombroso poder de la naturaleza fluya a través de mí».

Morihei continuó formando, viajando y enseñando hasta el final. Dijo: «Para practicar aikido no necesito un *dojo*. No enseño para obtener fama, posición ni dinero. Puedo enseñar bajo un árbol o en lo alto de una roca. El mundo entero es mi puente hacia el cielo. Preguntad y estaré encantado de contaros sobre el aikido en cualquier momento». En 1967 cayó enfermo y le diagnosticaron un cáncer terminal. A partir de entonces se tornó más frágil, pero no más débil. «Cuando practico aikido, ¡desaparece la vejez y la enfermedad!», contaba. Uno de sus estudiantes describió la fuerza invencible de Morihei a pesar de su enfermedad:

> «Dos de sus discípulos asistíamos al maestro en su lecho de muerte. Un día nos dijo: "Voy al *dojo*". Se suponía que no podía levantarse a causa de su frágil condición, pero no había manera de impedirle hacer nada de lo que quería hacer. Tuvimos que agarrarle mientras se dirigía al *dojo* y subirle así por las escaleras, pero en cuanto pisó las esteras se repuso y sacudió los hombros, un movimiento simple que no sabemos cómo nos envió volando por la habitación. El maestro se situó ante el santuario del *dojo* y cantó durante unos minutos. Después se entrenó brevemente con nosotros, hizo otra reverencia al santuario y se dejó caer suavemente en nuestros brazos para que le devolviésemos a su habitación».

Cerca del final, Morihei le dijo a un visitante: «Estoy montado en un caballo alado observando el hermoso mundo por debajo». A sus estudiantes les dijo: «Unid vuestras manos con las de este abuelete para unir el mundo. En el aikido carecemos de enemigos, nadie es un extraño. Debemos entrenar a diario para conseguir que el mundo sea un poco más pacífico». La última caligrafía pintada por Morihei fue *hiraki*, o "luz". Dijo: «Para mí este mundo es un reino de luz. La luz ilumina todas las cosas. A veces esa luz es un nimbo llameante, a veces un suave resplandor». Morihei murió al amanecer del 26 de abril de 1969, en su casa de Tokio, a los 86 años de edad.

Los estudiantes de aikido veneran a Morihei como el Fundador, alguien que tuvo la visión original del Camino de la Armonía, que abrió este Sendero de Paz para que todos pudiéramos recorrerlo. Morihei fue un ser humano de carne y hueso que se convertiría en un profeta milagroso gracias al trabajo corporal constante y a un estudio de por vida del espíritu. Inspirados por el ejemplo de Morihei y por sus palabras, practicamos aikido, esforzándonos por alcanzar un nivel de iluminación similar.

Estos son los Cinco Principios del aikido de Morihei, su último testamento.

1. El aikido es el Gran Sendero que atraviesa el universo y sus dominios. Incluye y armoniza todas las cosas.
2. El aikido funciona de acuerdo con la verdad recibida de cielo y tierra. Debe conformar la base de toda actividad.
3. El aikido es el principio que unifica cielo, tierra y humanidad.
4. El aikido posibilita que cada individuo siga el camino más adecuado para él, permitiendo que todos los seres humanos logren la armonía con el universo.
5. El aikido es el Camino del Amor supremo, ilimitado, perfecto e inagotable, que une y sostiene el universo.

Hikari,
"luz",
la última caligrafía de Morihei.
Su firma, "Morihei", aparece a la izquierda,
y bajo el carácter está el *kao* de Morihei
(cifra personal).

PARTE II

EL ARTE DE LA GUERRA FRENTE AL ARTE DE LA PAZ

Ai,
el carácter de "amor".

Morihei solía hablar acerca del contraste entre un arte marcial material y otro espiritual (las palabras japonesas que Morihei utilizaba eran *haku* para "material" y *kon* para "espiritual"). No le gustaba el concepto de "Bushido", o al menos como lo interpretaban los militaristas. Como ya se ha mencionado anteriormente, Morihei enseñó que «el Bushido no es aprender a morir, sino aprender a vivir». También criticó el belicismo de los shogunes: «No hay nada noble en utilizar armas y las artes de la guerra para apoderarse de las tierras de otros señoríos por pura avaricia». Condenó las falsas ideas de "honor" que condujeron a vendettas inagotables, y le horrorizaba la antigua y popular práctica del *tsuji-giri* utilizado por samuráis canallas, que consistía en provocar una pelea con el simple objeto de comprobar el filo de una hoja nueva.

Morihei describió así la diferencia entre un arte marcial material y uno espiritual:

> «Las artes marciales materiales se concentran en objetos físicos. Ese tipo de arte marcial es fuente de discordias sin fin porque se basa en la oposición de dos fuerzas. Un arte marcial espiritual considera las cosas desde un nivel superior. Su base es el amor, y considera las cosas en su totalidad. Es informe y nunca pretende hacer enemigos».

Tal y como puede comprobarse en el primer capítulo de la biografía de Morihei, éste recibió mucha formación en artes marciales materiales, tanto occidentales como japonesas. Este profeta de la paz sufrió muchas pruebas en la vida real, y lo cierto es que no era un idealista ensoñador. En esencia, Morihei se convertiría en el artista marcial por excelencia al trascender el propio concepto de "arte marcial".

«La gente me pregunta: "¿Por qué su *Budo* es distinto del resto de las artes marciales? ¿Dónde aprendió ese arte del aikido?" Yo contesto: "He estudiado diversas artes marciales, pero como todos son sistemas incompletos construidos por seres humanos imperfectos, ninguno de ellos me proporcionó la respuesta a mi pregunta: '¿Cuál es el auténtico propósito del *Budo*?' Tuve que buscar la respuesta por mí mismo, desde el interior. En el pasado, las artes marciales se consideraban, erróneamente, un método para matar y sofocar la vida humana. El aikido, por el contrario, es un vehículo para conservar y alentar la vida humana, un medio para prevenir el asesinato y la violencia"».

Y también diría:

«A fin de establecer el cielo en la tierra, necesitamos un *Budo* que sea puro de espíritu, carente de odio y codicia. Debería seguir los principios naturales y armonizar lo material con lo espiritual. Aikido significa no matar. Aunque casi todos los credos cuentan con un mandamiento contra quitar la vida, la mayoría de ellos justifican el asesinato por una u otra razón. Sin embargo, en el aikido, tratamos de evitar completamente matar, ni siquiera a los seres más malvados».

A Morihei no le gustaba matar ningún ser vivo, ni siquiera moscas. Su actitud es muy parecida a la de Tesshu Yamaoka (1836/1888), el gran espadachín y maestro Zen. En opuesto contraste con la sed de sangre de muchos artistas marciales, Tesshu estaba orgulloso de no haber matado nunca a ningún ser humano a pesar de haber sido desafiado por oponentes armados hasta los dientes (al igual que Morihei, en una ocasión Tesshu salió ileso tras recibir una lluvia de balas). Mientras que la mayoría de artistas marciales japoneses toman como su santo patrón a la divinidad armada Fudo Myo-o, tanto Tesshu como Morihei prefirieron a Kannon, la divinidad de la compasión. De hecho, Morihei dijo que todas las técnicas del *Takemusu Aiki* eran medios para manifestar las acciones compasivas de Kannon.

> «He pasado toda mi vida desarrollando el aikido, y todavía me queda mucho por hacer, pero sé que es un Camino para alentar el amor y la bondad entre la humanidad. Aunque no hagamos nada para mancillar el recuerdo de los grandes maestros del pasado y nos sintamos agradecidos por su legado, debemos basarnos en su ejemplo para crear un nuevo *Budo* que siga los dictados del cielo, esté libre de toda vergüenza y manifieste continuamente frescura y vitalidad. El mundo continuará cambiando sobremanera, pero las luchas y la guerra pueden acabar destruyéndonos. Lo que necesitamos son técnicas de armonía, no de enfrentamiento. Lo que se necesita es el arte de la paz, y no el arte de la guerra».

El aikido es el *Budo* del nuevo milenio:

> «El aikido es el verdadero arte marcial porque emergió de la verdad del universo. Como la unidad universal descansa en su núcleo, el aikido considera todo lo que hay en el cosmos como parte de una única familia, y es una expresión de armonía esencial y paz absoluta. Basándose en su visión univer-

sal, el aikido debería percibirse como nada más que el arte marcial del amor. Nunca puede ser violento. El aikido es la encarnación del Creador Divino, una presencia verdaderamente augusta. El aikido se practica en la intersección del cielo y la tierra, de una manera pacífica. El propósito del aikido es enseñar a la gente a no ser violenta y a conducirla hacia un sendero más elevado. Es un medio para establecer la paz universal. Si armonizamos todas las naciones entre sí, no habrá necesidad de armas atómicas, y este mundo será un lugar bueno y agradable en el que vivir».

En aikido no hay enfrentamientos ni competiciones organizadas porque no es un deporte. Los practicantes se turnan siendo "vencedores" y "perdedores" e intentan cruzar la línea de llegada de la mano:

«Hoy en día se practican muchos deportes, y está bien porque implica ejercicio físico. En el aikido también entrenamos el cuerpo, pero lo utilizamos como vehículo para formar la mente, calmar el espíritu y descubrir bondad y belleza, unas dimensiones de las que carecen los deportes. Practicar aikido fomenta el valor, la sinceridad, la magnanimidad y la belleza, además de fortalecer el cuerpo y la salud. En el aikido practicamos no para aprender a ganar; practicamos para aprender a salir victoriosos en cualquier situación».

Morihei sí que habló de un tipo de contienda para obtener un gran premio. Utilizó las imágenes de las divinidades creadoras sintoístas Izanagi, o "El que invita", e Izanami, o "La que invita" –cuyas relaciones sexuales dieron nacimiento al mundo–, para simbolizar el irrefrenable anhelo de unidad, el esfuerzo incesante de unirse, que los seguidores del aikido deberían emular tratando de engarzarse con el universo. Morihei también instruyó a sus estudiantes para que reflexionaran profundamente acerca de la fusión de las dos grandes fuerzas creativas, masculina y femenina, que representan Izanagi e Izanami. La explicación esotérica de Morihei sobre la cuestión utilizada en el aikido es un ejemplo:

«La materia es femenina, una espada. El espíritu es masculino, una lanza. El pie (pierna) izquierdo es masculino y se apoya en el cielo. El pie (pierna) derecho es femenino y se apoya en la tierra. Vuestro cuerpo representa el pilar central de la creación. El pie derecho es la base, el pie izquierdo responde en variaciones ilimitadas. La izquierda representa *masakatsu* (victoria verdadera) y el principio masculino; la derecha representa *agatsu* (victoria sobre uno mismo) y el principio femenino; su integración es *katsuhayabi*» (victoria aquí y ahora), el nacimiento de todas las técnicas».

Morihei describió de la siguiente manera las técnicas del aikido:

«Todas las técnicas del aikido deben vincularse a los principios universales. Las técnicas no vinculadas a principios más elevados darán resultados contraproducentes que os perjudicarán enormemente. En el aikido, el cambio es la esencia de la técnica. En el aikido no hay formas. Como no hay formas, el aikido es el estudio del espíritu. No os dejéis atrapar en las formas, porque si lo hacéis perderéis las distinciones sutiles que funcionan en las técnicas. En el aikido, el discernimiento espiritual es lo primero y la reforma del corazón lo segundo. Una buena técnica es aquella que se basa en pensamientos verdaderos. Utilizad el cuerpo para manifestar el espíritu en forma física».

Al impartir clases en sus últimos años, Morihei solía enseñar únicamente técnicas básicas, y de vez en cuando los estudiantes más jóvenes y atrevidos se quejaban: «Sensei, llevamos practicando la misma técnica desde hace una hora. Por favor, enséñenos algo distinto». «¡Idiota! –exclamaba Morihei–. Todas ellas *eran* distintas. Cuando puedes percibir la diferencia es cuando empiezas a realizar progresos en aikido». Si alguien pedía que le enseñasen una "técnica secreta", acababa obteniendo una contestación parecida: «Todas las técnicas contienen todos los secretos que podrías necesitar». Con frecuencia Morihei ejecutaba una técnica llamada *tai-no-henko* (girar el cuerpo), el más sencillo de todos los movimientos. O bien decía: «Si puedes realizar bien un *shiho-nage* ["proyección en cuatro direcciones", una técnica básica practicada en todas las sesiones] estarás a punto de dominar el aikido». Si un estudiante quería volver a ver el juego de pies de una técnica, Morihei bramaba: «No te enseño a mover los pies; ¡te estoy enseñando a mover la mente!». En una ocasión un estudiante le dijo a Morihei: «Cuando está usted aquí con nosotros, en el *dojo*, puedo ejecutar bastante bien las técnicas, pero cuando usted se va, no recuerdo nada». Contestó Morihei: «Se debe a que uno vuestro *ki* con el mío y os guío de manera invisible. Siempre que dudéis o tengáis problemas, pensad en mí y os ayudaré».

Gran parte de la enseñanza de Morihei se parecía a la utilizada por los maestros Zen, que usan koans, rompecabezas Zen, para hacer que sus estudiantes permanezcan en guardia al darles instrucciones contradictorias. Morihei podía decirles a algunos estudiantes: «Los movimientos del aikido están basados en el sable; convertid el sable en la base de vuestra práctica». Pero a otros podía decirles lo contrario: «Permaneced lejos del sable hasta que aprendáis a utilizar el cuerpo». O: «Nunca permitáis que vuestro contrincante os llegue a agarrar bien», y no obstante al mismo tiempo: «Si queréis haceros fuertes, dejad que vuestro contrincante os agarre bien y practicad moviéndole». Respecto a la técnica, Morihei realizó el siguiente comentario revelador:

> «En realidad, el aikido carece de formas, de pautas fijas. Es como una invisible oleada de energía. Sin embargo, ese tipo de fenómeno es demasiado difícil para que los seres humanos puedan asimilarlo, y por ello utilizamos formas provisionales a fin de explicarlo y ponerlo en práctica. De hecho, cualquier movimiento puede convertirse en una técnica de aikido, y por lo tanto, en último término, no existen errores. Este es el consejo que os ofrezco: ¡aprended a olvidar! ¡Aprended a olvidar! ¡Conseguid que las técnicas se conviertan en parte de vuestro ser!».

Por ello, si un estudiante preguntaba: «¿Cómo se llama esta técnica?». Morihei contestaba: «Ponle tu nombre. Eso la convertirá en algo más personal». También añadía:

> «No puedes imitar lo que yo hago. Cada técnica es única, una experiencia definitiva. Mis técnicas emergen libremente, manan como una fuente. En lugar de intentar copiar lo que yo hago, escuchad lo que digo. Ahí es donde radica la esencia de las técnicas. Algún día lo comprenderéis».

Yu, "oculto".

PARTE III

EL ARTE DE LA PAZ

«¡La belleza divina
de cielo y tierra!
Toda la creación,
miembros de una
única familia.»

Ai-ki-do,
el "arte de la paz",
firmado "Morihei".

El arte de la paz empieza contigo. Trabaja en tu ser y en la tarea asignada en el arte de la paz. Todo el mundo cuenta con un espíritu que puede refinarse, un cuerpo que puede adiestrarse en cierto modo, y un camino adecuado que seguir. Estás aquí con el propósito de realizar tu divinidad interior y manifestar tu iluminación interior. Alienta la paz en tu propia vida y luego aplica el arte a todo lo que encuentres.

●

No es necesario poseer edificios, dinero, poder o posición para practicar el arte de la paz. El cielo está justo donde te hallas, y ese es el lugar de práctica.

●

Todas las cosas, materiales y espirituales, se originan en una fuente y están relacionadas como si fuesen una única familia. Pasado, presente y futuro están todos contenidos en la fuerza vital. El universo emergió y se desarrolló a partir de esa fuente, y hemos evolucionado a través del proceso óptimo de unificación y armonización.

El nacimiento del universo,
según la cosmología del aikido.
Del símbolo semilla SU,
en el centro, emergen los sonidos
de la creación formando
una pauta circular: U-U-U-U-YU-MU.
Extendiéndose hacia fuera desde el centro
están los sonidos de la existencia: A-O-U-E-I
(de arriba abajo).

●

Así es como apareció el universo: no había cielo, ni tierra ni universo, sólo espacio vacío. En esa vasta vaciedad, se manifestó repentinamente un único punto. A partir de ese punto, giraron en espiral vapor, humo y bruma, creando una esfera luminosa, dando nacimiento al sonido SU. Mientras SU se expandía circularmente hacia arriba y abajo, a derecha y a izquierda, empezaron la naturaleza y el hálito, claros e impolutos. El hálito desarrolló la vida, y apareció el sonido. SU es la palabra mencionada por muchas religiones del mundo.

●

Todos los sonidos y vibraciones emanan de esta palabra. Tu voz es un arma muy poderosa. Cuando estás sintonizado con el hálito cósmico del cielo y la tierra, tu voz produce tres sonidos. Unifica cuerpo, mente y palabra, y emergerán las auténticas técnicas.

●

El arte de la paz emanó de la divina forma y el divino corazón de la existencia; refleja la naturaleza verdadera, buena, bella y absoluta de la creación y la esencia de su gran designio esencial. El propósito del arte de la paz es conformar seres humanos sinceros; un ser humano sincero es quien ha unificado cuerpo y espíritu, quien está libre de vacilación y duda, y el que entiende el poder de las palabras.

●

Cielo, tierra y humanidad,
unidos en el sendero de la armonía y la alegría,
siguiendo el arte de la paz,
a través de vastos océanos,
y en los picos más elevados.

●

Si en ti hay vida, tienes acceso a los secretos de todos los tiempos, pues la verdad del universo reside en todos y cada uno de los seres humanos.

●

El arte de la paz es medicina para un mundo enfermo. Si queremos curar al mundo de la enfermedad de violencia, descontento y discordia, entonces este es el camino de la armonía. Existe en el mundo mal y discordia porque la gente ha olvidado que todas las cosas emanaron de una única fuente. Regresemos a esa fuente y abandonemos todos los pensamientos egoístas, los deseos mezquinos y la cólera. Quienes no están poseídos por nada lo poseen todo.

●

La práctica del arte de la paz es como un acto de fe, una creencia en el poder esencial de la inofensividad. Es tener fe en el poder de purificación y fe en el poder de la propia vida. No es un tipo de disciplina rígida ni ascetismo vacuo. Se trata de un sendero que sigue los principios naturales, unos principios que deben aplicarse al vivir cotidiano. El arte de la paz debería practicarse desde el momento en que uno se levanta para saludar a la mañana hasta la hora de retirarse por la noche.

●

Practicar el arte de la paz te permite elevarte por encima de las alabanzas o denuestos, y te libera del apego a esto y aquello.

●

Los principios interiores proporcionan coherencia a las cosas; el arte de la paz es un método para revelar dichos principios.

●

Una buena mezcla es el 70% de fe y el 30% de ciencia. La fe en el arte de la paz te permitirá comprender los entresijos de la ciencia moderna.

●

El conflicto entre ciencia material y espiritual crea agotamiento físico y mental, pero cuando materia y espíritu se armonizan, desaparece todo estrés y fatiga.

Shin,
"Divino".

●

Utiliza tu cuerpo para crear formas, utiliza tu espíritu para trascender las formas; unifica cuerpo y espíritu para activar el arte de la paz.

●

Si no te
entroncas
con la verdadera vaciedad,
nunca comprenderás
el arte de la paz.

●

El arte de la paz funciona en todos los lugares de la tierra, en esferas que van desde la vastedad del espacio hasta las plantas y animales más diminutos. La fuerza vital es omnipresente y su energía ilimitada. El arte de la paz nos permite percibir y aprovechar esa tremenda reserva de energía universal.

●

Ocho fuerzas mantienen la creación:
movimiento y sosiego,
solidificación y fluidez,
extensión y contracción,
unificación y división.

●

La vida es crecimiento. Si dejamos de crecer, técnica y espiritualmente, entonces es como si estuviéramos muertos. El arte de la paz es una celebración del vínculo de cielo, tierra y humanidad. Es todo lo que es verdadero, bueno y hermoso.

●

Todas las cosas están vinculadas entre sí armoniosamente; esa es la verdadera ley de la gravedad que mantiene intacto el universo.

●

De vez en cuando es necesario retirarse entre elevadas montañas y ocultos valles a fin de restablecer el vínculo con la fuente de la vida. Siéntate cómodamente y primero contempla la esfera manifiesta de la existencia. Esta esfera tiene que ver con lo externo, con la forma física de las cosas. A continuación llena el cuerpo de *ki* y siente la manera en que funciona el universo: su forma, su color y sus vibraciones. Inspira y permítete elevarte a los confines del universo; espira y devuelve a tu interior el cosmos. A continuación, respira toda la fecundidad y vivacidad de la tierra. Finalmente, une la respiración del cielo y la de la tierra con la de tu propio cuerpo, convirtiéndose en la respiración de la propia vida. Al sosegarte, permítete con naturalidad asentarte en el corazón de las cosas. Descubre tu centro y llénate de luz y calor.

●

Todos los principios del cielo y la tierra viven en tu interior. La propia vida es la verdad, y eso es algo que nunca cambiará. Todo lo que hay en el cielo y la tierra respira. La respiración, el hálito, es el cordón que mantiene junta la creación. Cuando puede sentirse la miríada de variaciones existentes en la respiración universal, entonces nacen las técnicas individuales del arte de la paz.

●

Tu respiración es el vínculo verdadero con el universo. La respiración ascendente se eleva por la derecha; la respiración descendente baja por la izquierda. Esta interacción es la unión del fuego y el agua. Es el sonido cósmico de A y UN, OM, alfa y omega.

●

Considera cómo fluctúa la marea. Cuando las olas rompen contra la orilla, forman una cresta y caen, creando un sonido. Tu respiración debe seguir la misma pauta, absorbiendo todo el universo en tu vientre con cada inspiración. Debes saber que todos tenemos acceso a cuatro tesoros: la energía del sol y la luna, el hálito del cielo, el hálito de la tierra y la fluctuación de la marea.

●

Quienes practican el arte de la paz deben proteger la esfera de la Madre Naturaleza, el divino reflejo de la creación, y mantenerlo precioso y fresco. La cualidad guerrera da nacimiento a la belleza natural. Las técnicas sutiles de un guerrero surgen de manera tan natural como la sucesión de primavera, verano, otoño e invierno. La cualidad guerrera no es más que la vitalidad que mantiene toda vida.

●

La vida es un don divino. Lo divino no es algo ajeno a nosotros; está justo en nuestro núcleo; es nuestra libertad. En nuestra práctica aprendemos la verdadera naturaleza de la vida y de la muerte. Cuando la vida sale victoriosa, tiene lugar el nacimiento; cuando se ve frustrada, aparece la muerte. Un guerrero siempre está inmerso en una lucha a vida y muerte por la paz.

●

Contempla el funcionamiento de este mundo, escucha las palabras de los sabios y aprovecha todo lo bueno como propio. A partir de esta base, abre tu propia puerta a la verdad. No pases por alto la verdad que está justo frente a ti.

●

La verdadera sabiduría es fruto de la educación intelectual, la educación física, la educación ética y la educación del *ki*.

●

Ikiru,
el carácter de "vida".

El universo es nuestro mayor maestro, nuestro mejor amigo. Nos está siempre enseñando el arte de la paz. Estudia cómo fluye el agua en un arroyo en el valle, suave y libremente entre las rocas. Todo –montañas, ríos, plantas y árboles– debería ser tu maestro. Los libros contienen la sabiduría del mundo, y al estudiar las palabras de los sabios, pueden crearse incontables nuevas técnicas. Estudia y practica, y luego reflexiona sobre tu progreso. El arte de la paz es el arte de aprender profundamente, el arte de conocerse a uno mismo.

●

Crea cada día de la nada vistiéndote con el cielo y la tierra, bañándote de sabiduría y amor, y situándote en el corazón de la Madre Naturaleza. Tu cuerpo y mente se alegrarán, la depresión y la congoja se disiparán y te inundarás de gratitud.

●

No dejes
de aprender de
la voz pura de un
torrente de montaña que siempre fluye
chapoteando sobre las rocas.

●

El arte de la paz se origina a partir del fluir de las cosas, su corazón es como el movimiento del viento y las olas. El Camino es como las venas que transportan sangre a través de nuestros cuerpos, siguiendo el curso natural de la fuerza vital. Si te separas lo más mínimo de esa esencia divina, te alejas del sendero.

●

El arte de la paz posee toda la sabiduría y todo el poder, y produce la belleza natural. Los cambios sutiles entre las cuatro estaciones –primavera, verano, otoño e invierno– producen distintas técnicas. El arte de la paz busca crear belleza esencial, una belleza que mana de las cuatro esquinas y las ocho direcciones del mundo.

●

Tu corazón está lleno de fértiles semillas, que esperan brotar. Al igual que el loto brota del fango para florecer espléndido, también la interacción del hálito cósmico hace que la flor del espíritu florezca y fructifique en este mundo.

●

Todos los árboles recios que se elevan por encima de los seres humanos deben su existencia a un núcleo profundamente enraizado.

●

Estudia las enseñanzas del pino, el bambú y la flor del ciruelo. El pino es de hoja perenne, firmemente enraizado y venerable.

El bambú es fuerte, resistente, irrompible. La flor del ciruelo es fuerte, fragante y elegante.

●

Mantén siempre tu mente tan luminosa y clara como el vasto cielo, el pico más alto y el océano más profundo, vacía de todo pensamiento limitador.

●

En el arte de la paz debes poder permitirte surcar los cielos como un ave y retozar como una ballena en el mar.

●

No te olvides de presentar tus respetos a los cuatro puntos cardinales cada día. Nuestro mundo maravilloso es una creación de lo divino, y por ello debemos sentirnos siempre agradecidos. Esta gratitud debería expresarse mediante algún tipo de oración. La verdadera oración carece de forma fija. No tienes más que ofrecer tu más sincera gratitud de la manera que te parezca más apropiada, y serás ampliamente recompensado.

●

Mantén siempre el cuerpo lleno de luz y calor. Llénate de la fuerza de la sabiduría y la iluminación.

Do (Tao),
el carácter de "camino, vía".

●

En cuanto te preocupas acerca de lo "bueno" o lo "malo" de tus compañeros, creas una rendija en tu corazón para que penetre la maldad. Poner a prueba, competir y criticar a los demás te debilita y derrota.

●

El penetrante resplandor de los sables
empuñados por seguidores del Camino
golpea al enemigo maligno
que acecha en el interior
de sus propias almas y cuerpos.

●

En el arte de la paz, un sólo corte del sable convoca los asombrosos poderes del universo. Ese sable une pasado, presente y futuro; absorbe el universo. Desaparecen tiempo y espacio. Toda la creación, desde el pasado distante hasta el momento presente, vive en ese sable. Toda la existencia humana florece justo aquí, en el sable que empuñas con tus manos. Ahora estás preparado para hacer frente a cualquier cosa que pudiera surgir.

●

La vida está en el interior de la muerte, la muerte está en el interior de la vida; ¡debes existir aquí y ahora mismo!

Ten,
el carácter de "cielo".

●

El deleite de montañas, ríos, hierbas, árboles, animales, peces e insectos es una expresión del arte de la paz.

●

El arte de la paz no es fácil. Es una lucha hasta el final, la eliminación de todos los deseos perniciosos y toda la falsedad interior. De vez en cuando la voz de la paz resuena como un trueno, sacudiendo a los seres humanos en su sopor.

●

Cristalina,
afilada y luminosa,
la espada sagrada
no deja ninguna abertura
para que penetre el mal.

●

A fin de practicar adecuadamente el arte de la paz, debes:

- Calmar el espíritu y regresar a la fuente.
- Limpiar el cuerpo y el espíritu eliminando toda malicia, egoísmo y deseo.
- Estar siempre agradecido por los dones recibidos del universo, de tu familia, de la Madre Naturaleza y de tus semejantes.

●

El arte de la paz se basa en las cuatro grandes virtudes: valentía, sabiduría, amor y amistad, que están simbolizados por fuego, cielo, tierra y agua.

●

La esencia del arte de la paz es limpiarte de toda maldad, sintonizarte con el entorno y despejar tu camino de todo obstáculo y barrera.

●

El único pecado de verdad es ignorar los principios universales y eternos de la existencia. Esa ignorancia es la raíz de todo mal y todo comportamiento descarriado. Elimina la ignorancia mediante el arte de la paz e incluso el infierno se vaciará de almas torturadas.

●

La única cura para el materialismo es purificar los seis sentidos (vista, oído, olfato, sabor, cuerpo y mente). Si los sentidos están atascados, entonces la percepción está sofocada. Eso crea desorden en el mundo, y es el peor de los males. Purifica el corazón, libera los seis sentidos y permite que funcionen sin obstrucciones, y el cuerpo y el alma resplandecerán.

●

A fin de purificarte debes eliminar todas las ponzoñas externas, liquidar todos los obstáculos de tu camino, apartarte del desorden y abstenerte de pensamientos negativos. Eso creará un estado de ser luminoso. Esa purificación te permite regresar al principio, donde todo es fresco, luminoso y prístino, y donde podrás de nuevo observar la resplandeciente belleza del mundo.

●

Toda vida es una manifestación del espíritu, la manifestación del amor. Y el arte de la paz es la forma más pura de ese principio. Un guerrero debe poner fin a todo enfrentamiento y lucha. El amor universal funciona de muchas formas, y a todas las manifestaciones debe permitírseles libre expresión. El arte de la paz es democracia verdadera.

●

Todos los maestros, independientemente de la era y el lugar, escuchan la llamada y realizan la armonía con el cielo y la tierra. Existen muchos caminos que conducen a la cima del monje Fuji, pero el objetivo es el mismo. Son muchos los métodos para alcanzar la cima, pero todos nos conducen a las alturas. No es necesario luchar entre nosotros, pues todos somos hermanos y hermanas, y debemos recorrer juntos el camino, de la mano. Mantente en tu camino y nada más importará. Cuando pierdas el deseo de cosas que no importan, entonces serás libre.

●

Nunca temas a ningún contrario, por grande que sea.
Nunca desprecies a ningún contrario, por pequeño que sea.

●

Lo grande no siempre derrota a lo pequeño. Lo pequeño puede transformarse en grande mediante una acumulación constante; lo grande puede devenir pequeño al venirse abajo.

●

Lealtad y devoción conducen a la valentía. La valentía a su vez
conduce al espíritu de autosacrificio. El espíritu de autosacrificio crea confianza en el poder del amor.

●

El amor es como los rayos del sol, brilla a izquierda, derecha,
arriba, abajo, por delante, por detrás, bañándolo todo de luz.

●

La economía es la base de la sociedad. Cuando la economía es
estable, la sociedad se desarrolla. La economía ideal combina
lo espiritual y lo material, y los mejores activos que pueden in-
tercambiarse son sinceridad y amor.

●

El arte de la paz no se apoya en armas o en la fuerza bruta para alcanzar la victoria. En lugar de ello, nos sintonizamos con el universo, mantenemos la paz en nuestras propias esferas, alimentamos la vida y prevenimos la muerte y la destrucción. El verdadero sentido del término *samurái* alude a quien sirve y observa el poder del amor.

●

Alienta y purifica
el espíritu del guerrero
mientras sirves en el mundo;
ilumina el camino
utilizando tu propia luz interior.

●

El camino de la paz es extremadamente vasto, reflejando el gran designio de los mundos ocultos y manifiestos. Un guerrero es un santuario viviente de lo divino, alguien que sirve a ese gran propósito.

●

Tu mente debería estar en armonía con el funcionamiento del universo; tu cuerpo debería estar a tono con el movimiento del universo; cuerpo y mente debería estar unidos como si fuesen uno, unificados con la actividad del universo.

●

Aunque nuestro camino es totalmente distinto de las artes gue-
rreras del pasado, no es necesario abandonar los viejos métodos por completo. Hay que integrar las tradiciones venerables
en este nuevo arte dándoles un nuevo aspecto y basarse en los
estilos clásicos para crear mejores formas.

●

La práctica cotidiana del arte de la paz permite que tu divinidad interior sea cada vez más luminosa. No te preocupes con
lo bueno o lo malo de los demás. No seas calculador ni actúes sin
naturalidad. Mantén la mente concentrada en el arte de la paz,
y no critiques a otros maestros o tradiciones. El arte de la paz nunca retiene ni constriñe nada. Lo abarca y purifica todo.

●

Practica con firmeza, experimenta la luz y la calidez del arte
de la paz y conviértete en una persona de verdad. Practica más,
y aprende los principios de la naturaleza. El arte de la paz se es-
tablecerá sobre todas las cosas, pero tendrá una expresión dis-
tinta en cada lugar que eche raíces. Adapta continuamente la
enseñanza y crea un entorno de belleza.

●

Cuando practicamos bien generamos luz (sabiduría) y calor
(compasión). Esos dos elementos activan el cielo y la tierra, el

Dai (okii),
el carácter de
"grande, gran".

sol y la luna; son las manifestaciones sutiles del agua y el fuego. Unifica las esferas material y espiritual, y eso te permitirá devenir verdaderamente valiente, sabio, amante y empático.

●

Practica el arte de la paz con sinceridad y los pensamientos y actos malvados desaparecerán de manera natural. El único deseo que debe quedar es la sed de practicar más y más el Camino.

●

Quienes están iluminados nunca dejan de seguir avanzando. Las realizaciones de esos maestros no pueden expresarse bien con palabras o teorías. Las acciones más perfectas reflejan las pautas que pueden hallarse en la naturaleza.

●

Día tras día,
prepara tu corazón
refinando tu técnica;
¡utiliza el Uno para atacar lo Mucho!
Esa es la disciplina de un guerrero.

●

Enfréntate a un único enemigo como si fuese diez mil enemigos; enfréntate a diez mil enemigos como si fuesen uno solo.

●

El Camino del guerrero
no puede ser aprehendido
en palabras o escritos:
entiende la esencia
¡y dirígete hacia la realización!

●

El propósito de practicar es tensar lo flojo, endurecer el cuerpo y pulir el espíritu.

●

El hierro está repleto de impurezas que lo debilitan; forjándolo puede convertirse en acero y transformarse en un sable afilado. Los seres humanos se desarrollan del mismo modo.

●

Desde la antigüedad,
aprendizaje y valor profundos
han sido los dos pilares del Camino:
la virtud de la práctica
ilumina el cuerpo y la mente.

●

Los instructores pueden impartir una fracción de la enseñanza. Pero es a través de tu propia práctica dedicada como florecen los misterios del arte de la paz.

●

El Camino de un guerrero se basa en humanidad, amor y sinceridad; el corazón del valor marcial es coraje, sabiduría, amor y amistad verdaderos. El énfasis en los aspectos físicos de la cualidad guerrera es fútil, pues el poder del cuerpo es siempre limitado.

●

Un guerrero de verdad siempre está armado con tres cosas: la luminosa espada de la pacificación; el espejo de coraje, sabiduría y amistad y la preciada joya de la iluminación.

●

El corazón de un ser humano no es diferente del alma del cielo y la tierra. En tu práctica debes tener siempre en cuenta la interacción de cielo y tierra, agua y fuego, yin y yang.

●

El arte de la paz es el principio de la irresistencia. Como es irresistente, es victorioso desde el principio. Quienes albergan malas intenciones o pensamientos beligerantes, son vencidos. El arte de la paz es invencible porque no contiende con nada.

●

En el arte de la paz no hay competiciones. Un guerrero de verdad es invencible porque no contiende con nada. Derrotar significa derrotar la mente de enfrentamiento que albergamos en nuestro interior.

●

El arte de la paz no es un objeto que nadie posea, ni tampoco algo que puedas darle a alguien. Debes comprender el arte de la paz desde el interior y expresarlo en tus propias palabras.

●

Lesionar a un oponente es lesionarte a ti mismo. Controlar la agresión sin infringir lesiones es el arte de la paz.

●

Cuando tus ojos se encuentran con los de otra persona, salúdala con una sonrisa y te la devolverá. Esta es una de las técnicas esenciales del arte de la paz.

●

El guerrero totalmente despierto puede utilizar libremente todos los elementos contenidos en el cielo y la tierra. El guerrero de verdad aprende a percibir correctamente la actividad del

universo y cómo transformar las técnicas marciales en ve-
hículos de pureza, bondad y belleza. La mente y el cuerpo de un
guerrero deben estar insuflados de sabiduría iluminadora y
de un profundo sosiego.

●

En el arte de la paz aspiramos a verlo todo a la vez, a percibir
todo el campo de visión de un vistazo.

●

Practica siempre el arte de la paz con un talante vibrante y alegre.

●

Es necesario desarrollar una estrategia que utilice todas las con-
diciones y elementos físicos que estén a mano. La mejor estrategia se basa en un conjunto ilimitado de respuestas.

●

En el arte de la paz, una técnica sólo puede funcionar si está en
armonía con principios universales. Esos principios deben apre-
henderse a través de la Mente, de una consciencia pura. Los deseos egoístas amenazan tu progreso, pero la Mente, que no está
cautiva de nociones sobre victoria o derrota, te liberará. La Mente fija tus sentidos y te mantiene concentrado. La Mente es la
clave de la asombrosa energía y la suprema claridad.

Ryu-o,
"Rey dragón",
el ángel guardián de Morihei.

●

Una buena posición y postura reflejan un adecuado estado mental.

●

La clave de una buena técnica es mantener las manos, pies y caderas rectas y centradas. Si estás centrado puedes moverte con libertad. Utiliza este principio para guiar a tu oponente y conducirle en la dirección que tú quieres. Si tu oponente quiere estirar, permite que lo haga. Déjale hacer lo que desee, y será incapaz de controlar nada.

●

El centro físico es tu vientre; si tu mente también está ahí, entonces puedes estar seguro de salir victorioso en cualquier empeño.

●

Muévete como un rayo de luz;
vuela como el relámpago,
ataca como el trueno,
gira en círculos alrededor
de un centro estable.

●

Las técnicas utilizan cuatro cualidades que reflejan la naturaleza de nuestro mundo. Dependiendo de las circunstancias, deberías ser: duro como un diamante, flexible como un sauce, fluido como el agua o vacío como el espacio.

●

Si tu oponente ataca con fuego, neutralízalo con agua, siendo totalmente fluido y libre. El agua, por su naturaleza, nunca choca ni rompe contra nada. Por el contrario, absorbe cualquier ataque sin causar daño.

●

Funcionando armoniosamente juntas, derecha e izquierda dan nacimiento a todas las técnicas. La mano izquierda agarra vida y muerte; la mano derecha las controla. Las cuatro extremidades del cuerpo son los cuatro pilares del cielo y manifiestan las ocho direcciones, yin y yang, externo e interno.

●

Manifiesta yang
en tu mano derecha,
equilíbralo con
el yin de la izquierda,
y guía a tu oponente.

●

Las técnicas del arte de la paz no son rápidas ni lentas, ni interiores o exteriores. Trascienden tiempo y espacio.

●

Mana desde la Gran Tierra;
ondula con las Grandes Olas;
yérguete como un árbol, asiéntate como una roca;
utiliza el Uno para alcanzarlo Todo.
¡Aprende y olvida!

●

El cuerpo debe estar triangular, la mente circular. El triángulo representa la generación de energía y es la postura física más estable. El círculo simboliza serenidad y perfección, la fuente de ilimitadas técnicas. El cuadrado representa solidez, la base del control aplicado.

●

Mantén tus movimientos circulares. Imagina un círculo con una cruz en él. Sitúate en el centro y permanece ahí confiado, en una postura triangular. Vincúlate con el *ki* de cielo y tierra, gira sobre el pie delantero y guía a tu oponente alrededor de ese centro.

●

Debes poder calibrar la distancia física, la distancia temporal, la distancia psicológica y la distancia energética entre tú y aquellos que se te oponen.

•

Toda la vida es un círculo, que da vueltas eternamente, y ese es el punto central del arte de la paz. El arte de la paz es una esfera sin fisuras, inagotable, que incluye todas las cosas.

•

Intenta siempre estar en comunicación con cielo y tierra, entonces el mundo aparece tal cual es. Desaparece el engreimiento, y puedes fundirte con cualquier ataque.

•

En el arte de la paz no hay lugar para mezquindades y pensamientos egoístas. En lugar de dejarte atrapar por la noción de "ganar y perder", busca la verdadera naturaleza de las cosas. Tus pensamientos deberían reflejar la grandeza del universo, un reino más allá de la vida y la muerte. Si tus pensamientos son contrarios al cosmos, entonces te destruirán y provocarán calamidades en el entorno.

•

Si tu corazón es lo suficientemente grande para envolver a tus adversarios, podrás ver a través de sus mezquindades y evitar

Waza,
el carácter de "técnica".

sus ataques. Y una vez que los envuelvas, podrás guiarlos a lo largo de un camino que te indicará el cielo y la tierra.

●

Libre de debilidad,
ignorando inmentalmente
los agudos ataques
de tus enemigos:
¡interviene y actúa!

●

No consideres el mundo con temor y aversión. Enfréntate valientemente a lo que los dioses tengan a bien ofrecerte.

●

La vida humana contiene diariamente alegría y cólera, dolor y placer, oscuridad y luz, crecimiento y decaimiento. Cada momento está grabado con el gran designio de la naturaleza: no intentes negar ni oponerte al orden cósmico de las cosas.

●

Protectoras de este mundo
y guardianas de los caminos,
de dioses y budas,
las técnicas de la paz
nos permiten enfrentar cualquier desafío.

●

La vida en sí misma siempre es una prueba. En la práctica debes ponerte a prueba y refinarte para así poder hacer frente a los grandes retos de la vida. Trasciende el reino de la vida y la muerte y podrás avanzar tranquilamente y con seguridad a través de cualquier crisis que te sobrevenga.

●

Enfrenta cualquier desafío de frente. Cuando un ataque llegue de frente, utiliza el principio de "luna reflejada en el agua". La luna parece hallarse verdaderamente presente, pero si golpeas el agua, no encuentra nada. Del mismo modo, tu oponente no debe hallar nada sólido que atacar. Envuelve a tu oponente, física y espiritualmente, igual que hace la luz de la luna, hasta que no exista separación entre vosotros.

●

Los ataques pueden llegar de cualquier dirección: de arriba, del medio, de abajo, de delante, de detrás; de la izquierda, de la derecha. Mantente centrado y permanece inamovible.

●

Agradece incluso las dificultades, fracasos y la mala gente. Lidiar con esos obstáculos es una parte esencial de la práctica del arte de la paz.

●

Lo divino nunca condena a ningún ser humano como alguien totalmente malo. Lo divino quiere que los malvados se den cuenta de la sandez de sus acciones desde su interior; luego corrigen felices sus perniciosas maneras. Ofrece a las almas descarriadas un buen ejemplo y serán conscientes de la maravilla que es la vida y se reformarán de manera natural.

●

El fracaso es la clave del éxito;
todos los errores nos enseñan algo.

●

En situaciones extremas, todo el universo se convierte en nuestro enemigo; en esos momentos tan críticos es esencial mantener unidad mental y técnica. ¡No dejes que tu corazón vacile!

●

A fin de practicar el arte de la paz, necesitamos valor, un valor enraizado en la verdad, la bondad y la belleza. El valor nos proporciona fortaleza y nos hace valientes. El valor es un espejo que revela todas las cosas y expone el mal.

●

Hi,
el carácter de
"día, tiempo, sol",
y de
la sílaba-semilla "su".

En el instante
que un guerrero
se enfrenta a un enemigo,
todas las cosas
se ponen en su sitio.

●

Aunque sólo te convoque
un único enemigo,
permanece en guardia,
pues siempre estás rodeado
de una multitud de enemigos.

●

No mantengas la esperanza
de evitar un envite.
Cuando llegue,
desármalo
¡justo en el origen!

●

No importa lo bien armado que esté tu oponente, siempre puedes utilizar el arte de la paz para desarmarle. Cuando alguien llega colérico, salúdale con una sonrisa. Este es el tipo más elevado de arte marcial.

•

Cuando alguien se adelanta oponiéndosete, se trata de un empate, de una división al 50 %. Saluda a un oponente que avance; despide a un oponente que se retire. Mantén el equilibrio original y tu oponente no hallará dónde golpear. De hecho, tu oponente no es en realidad oponente porque tú y tu oponente sois uno. Esa es la belleza del arte de la paz.

•

El arte de la paz es satisfacer lo que falta.

•

Uno debe estar preparado para recibir el 99 % del ataque de un enemigo y mirar a la muerte directamente a la cara a fin de iluminar el Sendero. A pesar de lo mala que pueda parecer una situación, sigue siendo posible darle la vuelta a tu favor.

•

En nuestras técnicas entramos completamente en un ataque, fundiéndonos con él y controlándolo con firmeza. La fuerza reside donde el *ki* se halla concentrado y estable; la confusión y la malicia surgen cuando el *ki* se estanca.

•

Existen dos tipos de *ki*: el *ki* ordinario y el *ki* verdadero. El *ki* ordinario es basto y pesado; el *ki* verdadero es ligero y versátil. A fin de actuar bien, es preciso que te liberes del *ki* ordinario y que empapes tus órganos de verdadero *ki*. Esa es la base de una técnica potente. El *ki* puede ser una suave brisa que acaricia las hojas o un viento intenso que parte las ramas.

●

En el arte de la paz nunca atacamos. Un ataque es la demostración de que uno ha perdido el control. Nunca huyas de ningún tipo de desafío, pero no intentes suprimir ni controlar a un oponente de manera poco natural. Permite que los atacantes vengan en la dirección que quieran y luego fúndete con ellos. Nunca persigas a tus oponentes. Redirige todos los ataques con firmeza.

●

Viéndome ante él,
el enemigo ataca,
pero para entonces
ya estoy listo,
a salvo justo detrás de él.

●

Cuando te ataquen, unifica las partes superior, central e inferior del cuerpo. Entra, gira y fúndete con tu oponente, por delante y por detrás, a derecha e izquierda.

●

Los antiguos guerreros utilizaron pilares y árboles como escudos, pero no sirven. Tampoco puedes confiar en otros para protegerte. Tu espíritu es el verdadero escudo.

●

Tenemos oponentes que se nos enfrentan continuamente, pero en realidad no hay oponente alguno. Entra profundamente en un ataque y neutralízalo al tiempo que atraes esa fuerza mal encauzada a tu propia esfera.

●

No mires a tu oponente a los ojos: te hipnotizará. No fijes tu mirada en su espada: puede intimidarte. No te concentres en tu oponente: pudiera absorber tu energía. La esencia de la práctica es atraer por completo a tu oponente a tu esfera. Entonces puedes estar como te plazca.

●

Incluso el ser humano más poderoso tiene esferas de fuerza limitadas. Atráele fuera de esa esfera, hacia la tuya, y su fuerza se disipará.

●

Take (bu),
el carácter de
"marcial, valor, coraje".

Izquierda y derecha,
evita todos
los cortes y quites.
Apodérate de las mentes de tus oponentes
¡y dispérsalas!

●

El verdadero arte de la paz no es sacrificar uno de tus guerreros para derrotar a un enemigo. Vence a tus oponentes manteniéndote siempre en una posición segura e inatacable; entonces nadie sufrirá pérdidas. El camino de un guerrero, el arte de la política, es detener los problemas antes de que aparezcan. Consiste en derrotar espiritualmente a tus adversarios consiguiendo que comprendan la estupidez de sus acciones. El camino de un guerrero es establecer la armonía.

●

Domina las divinas técnicas
del arte de la paz,
y no habrá enemigo
que se atreva a
desafiarte.

●

No tengas prisa a la hora de practicar, porque al menos hacen falta diez años para controlar lo básico y alcanzar el primer peldaño. Nunca te consideres un maestro omnisciente y perfecto;

debes continuar practicando diariamente con amigos y estudiantes, progresando juntos en el arte de la paz.

●

El progreso les sucede
a quienes
practican y practican;
confiar en técnicas secretas
no te llevará a ninguna parte.

●

Juguetear con esta
o aquella técnica
no sirve de nada.
Sólo has de actuar con decisión,
¡sin reservas!

●

Para aprender a
discernir el ritmo
de golpes y empujones
concéntrate en lo básico...
¡Los secretos están a la vista!

●

Ki,
el carácter de "energía vital".

Si percibes la verdad del cielo y la tierra, te iluminarás acerca de tu verdadera forma. Si te iluminas acerca de un principio entonces puedes ponerlo en práctica. Reflexiona en tus esfuerzos tras cada aplicación práctica. Progresa continuamente de ese modo.

●

El núcleo del arte de la paz es: *la verdadera victoria es la victoria sobre uno mismo; ¡el día de la victoria veloz!* "Verdadera victoria" significa coraje resuelto; "victoria sobre uno mismo" simboliza el esfuerzo constante; el "día de la victoria veloz" representa el glorioso momento del triunfo aquí y ahora. El arte de la paz carece de formas concretas, y por ello responde inmediatamente ante cualquier contingencia, asegurándonos así la verdadera victoria; es invencible porque no se enfrenta a nada. Confía en *la verdadera victoria es la victoria sobre uno mismo; ¡el día de la victoria veloz!* y podrás integrar los factores internos y externos de la vida, despejar tu camino de obstáculos y purificar los sentidos.

●

La victoria sobre uno mismo es el objetivo principal de nuestra práctica. Nos concentramos en el espíritu en lugar de en la forma, en el núcleo en lugar de en la cáscara.

●

Desecha los pensamientos limitadores y regresa a la verdadera vaciedad. Álzate en medio del gran vacío. Ese es el secreto del camino de un guerrero.

●

Para poner verdaderamente en práctica el arte de la paz, debes poder retozar libremente en las esferas manifiesta, oculta y divina.

●

Si comprendes
el arte de la paz,
este sendero tan difícil,
tal cual es,
envuelves el círculo del cielo.

●

Las técnicas del arte de la paz cambian constantemente; cada encuentro es único, y la respuesta apropiada debería emerger con naturalidad. Las técnicas actuales serán distintas mañana. No te dejes atrapar por la forma y la apariencia de un desafío. El arte de la paz carece de forma: es el estudio del espíritu.

●

En último término, has de olvidar las técnicas. Cuanto más progresas, menos técnicas hay. El gran camino es en realidad un sin camino.

●

Masakatsu agatsu
katsuhayabi,
"la verdadera victoria es la victoria sobre uno mismo;
¡el día de la victoria veloz!".
La caligrafía de la derecha dice:
«Escrito en la primavera de la era de los dioses
(es decir, "en el amanecer de una nueva era")».
A la izquierda está la firma, "Takemusu Aiki Tsunemori".
Morihei utilizó el seudónimo de Tsunemori, "Siempre Abundante",
a partir de la setentena.

Sondea las esencias del arte de la paz y la edad desaparece. Sólo te sientes viejo cuando pierdes el sentido y te alejas del camino.

●

El arte de la paz que practico da cabida a cada uno de los ocho millones de dioses del mundo, y coopero con todos ellos. El dios de la Paz es muy importante y prescribe todo lo que es divino e iluminado en toda la tierra.

●

El arte de la paz es una forma de oración que genera luz y calor. Olvídate de tu pequeño yo, desapégate de los objetos, e irradiarás luz y calidez. La luz es sabiduría; la calidez es compasión.

●

No podemos seguir basándonos en las enseñanzas externas del Buda, Confucio y Cristo. La era de la religión organizada controlando todos los aspectos de la vida ha llegado a su fin. Ninguna religión en particular tiene todas las respuestas. No basta con construir santuarios o templos. Asiéntate como la imagen de un buda viviente. Todos debemos transformarnos en diosas de la compasión o budas victoriosos.

●

Kami,
el carácter de "divino".

Confía en la paz
para activar tus
muchos poderes;
pacifica tu entorno
y crea un mundo bello.

●

Lo divino no es algo que esté por encima de nosotros. Está en el cielo, en la tierra, en nuestro interior.

●

Únete al cosmos, y el pensamiento de trascendencia desaparecerá. La trascendencia pertenece al mundo profano. Cuando desaparece todo rastro de trascendencia se manifiesta la verdadera persona, el ser divino. Vacíate y permite que funcione lo divino.

●

No puedes ver o tocar lo divino con tus sentidos groseros. Lo divino está en tu interior, no en otra parte. Únete a lo divino y podrás percibir dioses allí donde estés, pero no trates de apegarte o aferrarte a ellos.

●

Lo divino no gusta de estar encerrado en un edificio. Lo divino gusta de estar a cielo abierto. Está aquí, en este cuerpo. Cada uno de nosotros somos un universo en miniatura, un santuario viviente.

●

Cuando haces una profunda reverencia al universo, éste te la devuelve; cuando pronuncias el nombre de Dios, éste resuena en tu interior.

●

El arte de la paz es la religión que no es una religión; perfecciona y completa todas las religiones.

●

El sendero es extremadamente vasto. Desde la antigüedad al día presente, ni siquiera los sabios más grandes fueron capaces de percibir y entender toda la verdad; las explicaciones y enseñanzas de maestros y santos sólo expresan parte del todo. No es posible que nadie pueda hablar de esas cosas en su totalidad. No tienes más que dirigirte hacia la luz y el calor, aprender de los dioses y, mediante la virtud de la práctica dedicada del arte de la paz, ser uno con lo divino.

●

La unificación de cuerpo y espíritu mediante el arte de la paz es un estado sublime, tan elevado y grato que te hará llorar de alegría.

Aiki okami,
"gran espíritu del aikido",
firmado "Tsunemon".

editorial **K**airós

Numancia, 117-121 • 08029 Barcelona • España
tel. 93 4949490 • e-mail: info@editorialkairos.com

Puede recibir información sobre nuestros libros
y colecciones o hacer comentarios acerca
de nuestras temáticas en:

www.editorialkairos.com